세상에서 가장 재밌는 "지식"

세계사

Title of the original German edition: Christa pöppelmann,

1000 Irrtümer der Allgemeinbildung

© 2005, 2010 by Compact Verlag GmbH, Munich
All Rights Reserved.

Korean translation copyright © 2015 by Jakeunchaekbang
Korean edition is published by arrangement with Compact Verlag
through Eurobuk Agency

세상에서 가장 재밌는 지식 세계사

© 크리스타 푀펠만, 2015

초판 1쇄 인쇄일 2015년 8월 10일
초판 1쇄 발행일 2015년 8월 17일

지은이 크리스타 푀펠만   **옮긴이** 강희진
펴낸이 김지영   **펴낸곳** 작은책방
편집 김현주 · 백상열
마케팅 김동준 · 조명구   **제작** 김동영

출판등록 2001년 7월 3일 제2005 - 000022호
주소 (04047) 서울시 마포구 어울마당로 5길 25 - 10 유카리스티아빌딩 3층
(구. 서교동 400-16 3층)
전화 (02)2648-7224   **팩스** (02)2654-7696

ISBN 978 - 89 - 5979 - 398 - 3 (04030)
     978 - 89 - 5979 - 399 - 0 SET

- 책값은 뒷표지에 있습니다.
- 잘못된 책은 교환해 드립니다.

세상에서 가장 재밌는 "지식"

세계사

크리스타 푀펠만 지음   강희진 옮김

작은책방

역사와 정치

contents

역사와 정치

매머드와 동굴 벽화

🐘 **석기 시대 사람들은 동굴 안에서 살았다?**

석기 시대 사람들의 주거지는 동굴 '안'이 아니라 동굴 '앞'이었다. 동굴 앞에 천막이나 오두막을 짓고, 그 안에서 생활한 것이다. 사냥하는 장면이나 동물의 모습을 묘사한 벽화들이 동굴 안에서 발견된 것은 사실이지만, 그 당시 동굴은 주거지가 아니라 행사나 의식을 거행하는 장소였다. 참고로 천막은 주로 돌출된 절벽 위 평평한 곳에 설치했는데, 햇빛이 잘 드는 남쪽이나 전망이 좋은 곳은 더 인기가 많았다고 한다.

인류의 조상은 나무 위에서 산 적이 없다?

원숭이가 인류의 직접적인 조상이 아니라는 사실은 이미 많은 이들이 알고 있다. 인류와 원숭이는 뿌리가 같을 뿐이다. 그런데 여기서 말하는 '같은 뿌리'에는 나무 위에 살며 벌레를 잡아먹던, 몸집이 작은 포유류들도 포함된다. 관련 학자들은 그 포유류들이 원숭이나 인류로 진화하게 된 결정적 계기가 바로 나무 위에서 생활했기 때문이라고 주장한다. 나무 위라는 생활 환경에 적응하기 위해서는 손재주와 각종 기술이 발달할 수밖에 없었다는 것이다. 한편, 인류는 나무에서 내려와 땅에서 살기 시작한 반면 원숭이들은 지금도 조상들의 생활 방식을 이어받아 나뭇가지들을 오가며 살고 있다.

 ## 네안데르탈인은 중부 유럽에만 살았다?

1856년, 뒤셀도르프 인근에 위치한 네안데르 계곡[1]의 한 석회암 동굴에서 인류의 화석이 발견되었다. '네안데르탈인'이라는 이름도 그 지명에서 유래한 것이다. 그런데 네안데르탈인이 네안데르 계곡 부근, 즉 중부 유럽에만 산 것은 아니었다. 지금으로부터 13~30만 년 전, 네안데르탈인은 알프스를 제외한 유럽 전 지

---

1) '네안데르탈(Neanderthal)'에서 '탈(thal)'은 계곡을 의미함.

역에 살고 있었고, 북아프리카와 중동 지방에서도 살았다는 흔적이 발견되었다. 그러다 어느 순간 갑자기 종적을 감추었는데, 네안데르탈인이 지구 상에서 멸종된 경위는 지금도 여전히 수수께끼로 남아 있다. 한편, 현생 인류의 조상이 유럽에 최초로 등장한 것은 지금으로부터 약 4만 년 전으로 추정되는데, 네안데르탈인과 그들 사이에서 접점은 발견되지 않았다. 참고로 네안데르탈인은 현생 인류의 조상들보다 체격이 더 건장했고, 문명 발달 수준은 현생 인류의 조상들과 거의 비슷했다고 한다.

 매머드는 석기 시대에 유럽에 살았던 동물 중 가장 거대한 동물이다?

범위를 빙하기로 좁히면 매머드가 유럽에 서식했던 동물 중 가장 거대한 동물이 맞다. 하지만 기후가 온난하던 때(간빙기)에 유럽에 살았던 동물들 중 매머드보다 몸집이 더 큰 동물이 있다. 지금으로부터 14만 5000~11만 5000년 전 중부 유럽에 서식했던 둥근귀코끼리$^{forest\ elephant}$가 바로 그 동물이다. 1948년, 독일 니더작센 주州의 이회토 채굴장에서 둥근귀코끼리의 뼈가 출토되었는데, 그 옆에는 사냥용 창이 함께 놓여 있었다. 참고로 둥근귀코끼리는 인간의 잔인한 사냥 행위로 지구 상에서 사라진 최초의 동물이라고 한다.

오세아니아는 6대륙 중 호모 사피엔스의 발길이 가장 나중에 닿은 곳이다?

호모 사피엔스$^{Homo\ sapiens}$는 유럽보다 오세아니아에 더 먼저 발을 내디뎠다. 알프스 북쪽 지방에는 약 4만 년 전부터 살기 시작한 반면 오스트레일리아에는 6만 년 전부터 살기 시작한 것이다. 인간의 발길이 가장 나중에 닿은 대륙은 아메리카이다(약 1만 5000~2만 년 전). 참고로 호모 에렉투스$^{Homo\ erectus}$는 수십만 년 전부터 유럽과 아시아에 거주하다가 멸종했다고 한다.

선사 시대 예술 작품들의 수준은 매우 원시적이었다?

1879년, 스페인의 한 아마추어 고고학자가 알타미라^{Altamira} 동굴 벽화를 발견했을 당시, 전문가들은 모두 다 누군가 조작한 것이라고 말했다. 석기 시대의 예술 수준이 그만큼 높았을 리 없다는 것이었다. 하지만 그사이 그러한 견해는 틀린 것으로 판명 났고, 심지어 요즘은 선사 시대의 미술 작품들을 프랑코 칸타브리아 미술$^{Franco-Cantabria\ art}$, 레반트 미술$^{Levant\ art}$ 등 시대별, 양식별로 구분까지 하고 있다고 한다.

털매머드^{wooly mammoth}만이 적갈색 털을 지니고 있었다. 털매머드는 뷔름기^{Würm age}라 불리는 최종 빙하기(BC 9만 년 전부터 시작된 것으로 추정) 때 나타났다가 기원전 8000년경 멸종된 동물로, 북슬북슬한 털이 특징이었다. 시베리아 지방에서는 털매머드 냉동 사체가 대거 발견되기도 했다. 한편, 나머지 매머드의 털 색깔은 금색부터 흑갈색까지 매우 다양했는데, 주황색과 갈색이 뒤섞인 형태가 그중 가장 많았다. 학자들의 말에 따르면 수천 년 세월이 흐르는 동안 매머드의 털 색깔에 많은 변화가 있었고, 초기 빙하기 때 서식하던 매머드 중에는 심지어 털이 없는 종도 있었다고 한다.

거석과 바퀴

기원전 8000년부터 서기 1000년경까지는 중부 유럽에 숲이 울창했다. 그 이전, 즉 마지막 빙하기 때에는 중부 유럽의 환경도 툰드라와 유사했다. 당시 유럽인들은 인디언처럼 가죽옷을 입고 오두막이나 천막에 살았는데, 여름이면 순록을 이끌고 북쪽의 빙하 지대 끝자락으로 이동했다가 겨울에 다시 남쪽으로 내려왔다. 이후 기후가 점점 더 온난화 되면서 삼림의 면적이 넓어졌고, 그에 따라 우리 조상들도 새로운 환경에 적합한 생활 양식과 문화를 발달시켰다.

알프스의 빙하 지대에서 미라 상태로 발견된 시신 '외치^{Ötzi}'에게도 문신이 있었고, 이집트 역시 문신과 관련해 4000년의 역사를 자랑한다. 이집트의 파라오들은 담쟁이덩굴 모양의 문신을 선호했으며, 동물 문신도 즐겨 새겼다. 그런가 하면 스코틀랜드의 픽트족^{Pict}은 온몸에 푸른 문신을 새겼고, 일본 역시 문신과 관련해 오랜 전통을 지니고 있다. 이렇듯 피부에 상처를 내어 살갗을 물들이는 문화, 즉 문신은 지역이나 문화권을 불문하고 세계 곳곳에서 발달되었다. 한편, 남태평양이 문신의 발상지라는 오해는 근대에 와서 유럽의 항해사들이 남태평양에서 문신 문화를 역수입하며 생겨난 것으로 추정된다.

✿ 스톤헨지는 켈트족의 종교 유물이다?

스톤헨지^{Stonehenge}가 드루이드^{Druid}, 즉 켈트족 사제들이 종교 의식을 거행하던 장소였다는 주장이 널리 퍼져 있지만, 그것은 사실이 아니다. 스톤헨지는 켈트족 등장 이전에 이미 존재했다. 전문가들은 기원전 3200년경부터 스톤헨지가 만들어지기 시작했고, 그중 가장 큰 원형 구조물 두 개는 기원전 2200~1800년 사이에 탄생했으며, 스톤헨지를 무덤이나 회합 장소, 천문대 등으로 활용하기 시작한 것은 기원전 1400년경 이후라고 말한다.

즉, 스톤헨지는 켈트족이 영국에 최초로 등장한 시점보다 최소한 1000년 전에 이미 존재한 것이다.

✦ 거석 구조물들은 몰타, 브르타뉴, 영국에만 있다?

거석 기념물^{megalithic monument}은 기원전 4500년경부터 지중해 연안을 중심으로 퍼져나가다가 서유럽 전체로 확산되었다. 현재 거석 구조물들은 몰타 섬과 이베리아 반도, 프랑스, 베네룩스 국가들, 영국, 스칸디나비아 지역, 북독일의 저지대부터 오데르^{Oder} 강에 이르기까지 넓은 지역에서 발견되고 있다. 당시 해당 지역들에 수천 개에 이르는 지석묘^{dolmen}들이 설치되었는데, 아쉽게도 그중 대부분이 19세기에 파괴되고 말았다. 참고로 지석묘들은 우두머리 한 명을 위한 것이 아니라 일반인들을 위한 집단 무덤이었다고 한다.

✦ 인류의 가장 위대한 발명품은 바퀴이다?

인류의 가장 위대한 발명품은 손도끼^{hand ax}이다. 비록 원시적인 모습이기는 하지만 손도끼는 인류가 최초로 제작한 도구였고, 그것을 기반으로 수많은 도구들이 발명되었다. 우리 조상들은 원래 자연에서 우연히 발견한 도구들을 있는 그대로 활용했지만,

손도끼를 발명한 이후부터 용도에 맞는 도구와 기기들을 직접 제작했다. 한편, 바퀴^{wheel}도 중대한 발명품에 속하기는 하지만, 바퀴 없이도 훌륭한 문명을 꽃피운 민족들이 적지 않다. 이집트의 피라미드나 영국의 스톤헨지와 같은 위대한 유산들도 바퀴 달린 수레의 도움 없이 건축된 것들이다.

�֍ 농경과 목축은 천혜의 자연 자원을 지닌 곳에서만 발달되었다?

농경과 목축은 오히려 수렵과 채집이 불가능한 곳을 중심으로 발달되었다. 땀을 흘리지 않아도 과실이 주렁주렁 열리는 곳에 거주하던 이들은 애써 땅을 일구고 씨앗을 뿌리려 하지 않았고, 언제든 먹잇감을 사냥할 수 있는 지역에 살던 이들은 힘들여 가축을 키우려 하지 않았다. 지금 우리가 감탄하는 문화들, 즉 농경과 목축 기술들은 모두 다 절대적 필요에 의해 발달된 것들이다. 중동 지방에서 인류 최초로 농사를 짓기 시작한 것도 그 때문이다. 즉, 빙하기가 마감되던 기원전 1만 년을 전후해 이상 기후가 발생했고, 그로 인해 수렵이나 채집이 불가능해졌으며, 그것이 결국 식량 부족 사태로, 나아가 농경 문화의 발달로 이어졌다.

인류가 도구를 제작할 때 가장 먼저 활용한 금속은 청동bronze 이 아니라 적동copper, 즉 구리였다. 우리 조상들은 1만 2000년 전에 이미 구리를 두드려 각종 도구들을 만들었고, 기원전 3500 년경부터는 구리를 녹이는 방법도 습득했다. 기원전 3300년경 에는 '얼음 인간' 외치Ötzi가 구리를 녹여 도끼를 만들었고, 그 도 끼를 이용해 활도 제작했다. 그런데 사실 구리는 강도가 약한 편 이어서 구리로 만든 도구들은 내구성이 그리 높지 않았을 것으로 추정된다. 한편, 역사학자들 중에는 석기 시대와 청동기 시대 사 이에 '구리 시대'가 있었을 것이라 주장하는 이들이 적지 않은데, 이들은 구리 시대를 대략 기원전 8000년에서 3000년 사이로 추 정하고 있다.

게르만족과 인도게르만족

✎ 철은 무기의 역사를 혁명적으로 바꾸어놓았다?

청동기에서 철기로 넘어가면서 일어난 가장 큰 변화는 힘들게 주석^{tin}을 구할 필요가 없어졌다는 것이다. 게르만족은 그러한 점을 그 어떤 민족보다 더 잘 활용했고, 덕분에 상공업 분야에서 큰 호황을 누렸다. 철은 수공업과 농업 분야에도 새로운 바람을 몰고 왔다. 철로 만든 농기구들이 청동 소재로 된 것들보다 성능이 더 뛰어났던 것이다. 한편, 철의 발견과 더불어 무기 분야에도 개선이 이루어진 것은 사실이지만, 다른 분야와 비교하면 무기 분야의 변화를 결코 혁명에 비유할 수는 없을 듯싶다.

인류 최초로 끓여서 녹인 강철을 이용해 도구를 제작한 민족은 게르만족이 아니라 중국인이었다. 중국인들은 기원전 6세기경에 이미 강철을 녹이기 시작했다. 유럽인과 중동인들이 나뭇가지를 연료로 사용했던 반면 중국인들은 석탄으로 화로를 지폈고, 그 덕분에 강철을 녹일 만큼의 높은 온도를 얻어낼 수 있었던 것이다. 심지어 당시 중국인들은 철광석을 산화시키는 기술도 보유하고 있었다. 철을 일단 녹였다가 갑자기 냉각시키는 방법을 활용한 것이었다. 범위를 전 세계가 아니라 유럽과 중동으로 축소할 경우에는 게르만족이 분명 최고의 대장장이였다. 당시 게르만족은 질소가 철의 강도를 높여준다는 사실도 알고 있었다. 이는 '대장장이 빌란트Wieland der Schmied' 설화에도 잘 나타나 있는데, 빌란트는 쇳가루를 거위에게 먹인 뒤 거위 배설물을 이용해 검을 제작했다고 한다. 그렇게 하면 거위 배설물에 질소 성분이 포함된다는 사실을 알았던 것이다.

장신구를 주렁주렁 착용하는 것은 무식과 야만의 상징이다?

로마인들은 게르만족과 켈트족을 거친 야만인으로 여겼다. 로마인들이 보기에는 주렁주렁 늘어뜨린 장신구가 무식해 보이기만 했던 것이다. 남자가 여자보다 더 많은 장신구를 착용하는 것도 도무지 납득할 수 없었다. 그런데 로마인들은 한 가지 중대한 사실을 간과했다. 게르만족과 켈트족이 애용한 장신구가 단순히 사냥 실력을 과시하기 위해 걸친 동물의 뼛조각들이 아니라 정성 들여 제작한 예술품이라는 점이었다. 참고로 두 민족의 금세공 기술은 가히 예술적인 경지였다고 한다.

✒ '인도게르만족'이라는 이름의 부족이 실제로 존재했다?

요즘은 인도게르만족을 인도유럽족으로 더 많이 부르는데, 인도유럽족이 실제 존재했는지 여부는 알 수 없다. 그보다는 인도유럽이라는 말이 특정 어족^{語族}을 가리키는 말이었을 가능성이 더 높다. 물론 인도게르만어를 사용하는 부족이 실제로 존재했을 가능성도 배제할 수는 없으며 그 경우 러시아 남부의 유목 민족인 쿠르간^{Kurgan}족이 가장 유력한 후보라 할 수 있다. 기원전 3000년경, 해당 지역에서 언어와 문명이 유럽 전역과 인도로 퍼져나갔기 때문이다. 하지만 인도유럽어와 인도유럽 문명이 쿠르간족이 이주하는 과정에서 전파되었는지 여부는 불분명하다.

기원전 2000년경을 즈음해 중부 유럽에 도적질을 일삼는 반^半
유목민이 등장했다. 해당 민족은 유럽 지역에 인도유럽어와 문
명을 전파했으며, 여신이 아닌 남신을 숭배하는 문화나 서열 문
화도 그때부터 시작되었다. 정복자들은 독일 중부의 작센안할트
와 튀링겐을 근거지 삼아 라인 강 유역까지 진출했는데, 그중 얼
마나 많은 땅을 무력으로 정복했고 얼마나 많은 지역을 평화적
으로 합병했는지는 밝혀지지 않았다. 한편, 정복자들은 원주민들
에게 자신들의 언어를 강요하는 대신 자신들도 원주민들의 문화,
즉 한곳에 정착하여 생활하는 방식을 받아들였다. 참고로 서유럽
에 인도유럽 문화가 널리 퍼진 것은 기원전 500년경부터였고, 그
일등 공신은 켈트족이었다고 한다.

핀란드어, 헝가리어 이외에도 몇몇 언어가 인도유럽어가 아닌
다른 어족에 속한다. 그러한 언어들로는 핀란드어와 사촌 간이라
할 수 있는 에스토니아어^{Estonian}, 인도유럽어가 널리 퍼지기 이전
시대의 유물이라 할 수 있는 바스크어^{Basque}, 아랍어에 뿌리를 두
고 있는 몰타어^{Maltese}, 터키어 등이 있다.

게르만족은 독일인의 여러 조상들 중 하나일 뿐이다. 기원전 2000~500년, 현재 독일 영토에 속하는 땅에 세 개의 부족이 정착했다. 게르만족과 켈트족 그리고 일리리아족[Illyrian]으로, 각기 다른 언어권, 각기 다른 문화권에 속한 부족들이었다. 그중 게르만족은 북독일 지역을 차지했고, 남부와 중부 독일은 켈트족의 세력권이었으며, 일리리아족은 독일 북동부의 작은 지역을 지배했다. 참고로 여기서 말하는 북독일 지역에는 덴마크와 스웨덴 남부가 포함되고, 남부와 중부 독일에는 부르고뉴에서 카르파티아 산맥[Carpathian Mountains]에 이르는 지역이, 일리리아족이 차지한 북동부 지역에는 폴란드와 헝가리, 슬로바키아 일부가 포함된다. 한편, 게르만족, 켈트족, 일리리아족 이외에도 몇몇 군소 부족들이 독일 땅에 진출했는데, 그 부족들 역시 독일인의 조상이라 할 수 있다. 즉 독일인은 뿌리가 매우 다양하다.

함무라비와 네부카드네자르

기원전 3000년경, 수메르 도시 국가의 통치자들은 유대계 유목민들을 한곳에 정착시키기 위해 많은 노력을 기울였다. 노동력을 확보하는 동시에 병력도 강화하려는 계산에서이다. 나아가 약탈 행위를 근절할 수 있다는 장점도 있었다. 그런데 시간이 지나면서 유대계 유목민들의 수가 한없이 늘어났고, 그로 인해 결국 유목민들의 언어가 수메르어를 잠식해버렸다. 하지만 언어를 제외한 나머지 수메르 문화들은 타격을 거의 입지 않았다.

📖 함무라비 법전은 함무라비 왕의 순수 창작물이다?

바빌로니아의 함무라비^{Hammurabi}(BC ?~1750) 왕이 현무암 돌기둥에 새긴 법전은 사실 그 이전 시대의 법률들을 집대성한 것이다. 함무라비 법전^{Code of Hammurabi}은 진보된 내용의 채권법이 포함되었다는 것으로도 유명하지만, 함무라비 법전의 대명사는 단연코 '눈에는 눈, 이에는 이'라는 형법 조항이다. 그런데 해당 조항은 함무라비 왕의 순수 창작물이 아니라 우르^{Ur} 왕조의 국왕 우르남무^{Ur-Nammu}(BC 2050년경)가 제정한 조항을 약간 변형한 것이었다. 참고로 우르남무 법전에는 신체를 상해한 자에게 벌금형을 내리라고 명시되어 있었다. 즉 우르남무 법전이 함무라비 법전보다 사형에 대해 좀 더 신중한 입장을 취했던 것이다.

📖 벨샤자르는 바빌로니아 최후의 왕이었다?

구약 성경의 다니엘서에는 바빌로니아의 통치자 벨샤자르^{Belshazzar}가 연회를 열었을 때 의문의 손가락이 나타나 석회 벽에 왕을 위협하는 문구를 썼다는 내용이 나온다. '메네, 메네, 테켈, 우바르신^{Mene, Mene, Tekel Upharsin}'이라는 그 문구는 벨샤자르 왕의 최후를 예고하는 저주의 문구였다. 실제로 바빌로니아는 기원전 539년, 페르시아의 키루스^{Cyrus}(재위 BC 559~529) 왕에게 정복당하는데, 아이러니하게도 당시 바빌로니아인들은 푸른 가지를 흔들며 자국의 최후를 환영했다고 한다. 벨샤자르는 그 뒤 신하들에 의해 살해당한 것으로 추정된다. 그런데 바빌로니아 최후의 왕은 사실 벨샤자르가 아니라 나보니두스Nabonidus(재위 BC 555~539)였다. 즉, 벨샤자르는 아버지 나보니두스를 대신해 섭정을 한 것이었다. 한편, 나약하기 짝이 없는 데다 민심도 얻지 못했던 나보니두스는 무려 11년 동안 바빌로니아의 수도를 떠나 타향살이를 해야 했다고 한다.

📖 네부카드네자르 2세는 이스라엘 왕국을 정복했다?

바빌로니아의 네부카드네자르 2세Nebuchadnezzar II(재위 BC 605~562)가 정복한 나라는 이스라엘이 아니라 유다Judah 왕국이었다. 네부카드네자르 2세는 기원전 587년 유다 왕국을 정복한 뒤 그 백성들을 바빌론에 강제로 억류시켰는데, 이 사건을 가리켜 '바빌론 유수Babylon captivity'라 부른다. 참고로 그 당시 이스라엘 왕국은 솔로몬Solomon(BC 965~926년경) 왕이 죽은 뒤 두 개로 분열되어 있던 상태였다. 그중 땅덩어리가 비교적 컸던 북부 지역은 '이스라엘 왕국'이라는 이름을 그대로 유지했지만, 예루살렘을 수도로 한 남부 지역은 자신들의 이름을 '유다'로 정했다. 주민들 가운데 유다 민족이 압도적으로 많았기 때문이다. 그런데 네부카드네자르 왕이 유다 왕국을 정복한 시점에 북부의 이스라엘 왕국은 이미 사라지고 없었다. 기원전 732년, 아시리아인들 Assyrian에 의해 멸망한 것이다.

사원 매춘은 바빌로니아에만 있었다?

사원 매춘temple prostitution 관행은 그리스를 비롯한 기타 문명권에도 있었다. 코린트의 아프로디테 신전에도 1000명 이상의 매춘부들이 상주해 있었고, 거기에서 벌어들인 돈은 신전의 주요 수입원이 되었다. 그런데 그리스 사원에서 매춘을 하던 여성 대부분이 노예였던 반면 바빌로니아는 그렇지 않았다. 역사가 헤로도토스Herodotos(BC 482~429)의 격렬한 비판에 따르면 바빌로니아에서는 모든 여성이 평생 한 번은 이슈타르 신전에서 낯선 남성과 잠자리를 갖고 거기에서 벌어들인 수입을 사원에 바쳐야 했다고 하는데, 당시 헤로도토스뿐 아니라 수많은 그리스인과 유대인들이 사원 매춘이야말로 부도덕의 절정이라며 비난했다.

사회 복지 제도는 현대에 와서 비로소 등장했다?

사회 복지 제도의 역사는 우리가 생각하는 것보다 훨씬 길다. 페르시아의 가내 수공업 공장에서도 질병이나 출산으로 인해 출근하지 못하는 직원들에게 임금을 지급했고, 심지어 산파에게 지급할 수고비를 나라에서 보조해주기도 했다. 뿐만 아니라 단순 노동자부터 고위 간부에 이르기까지 지위 고하를 막론하고 남성과 여성의 임금도 동일했다.

피라미드와 파라오

 이집트의 국왕은 처음부터 '파라오'로 불렸다?

이집트의 왕들은 예부터 여러 가지 이름으로 불렸지만, 거기에 파라오^{Pharaoh}라는 호칭은 포함되어 있지 않았다. 파라오라는 칭호는 기원전 14세기부터 사용되기 시작했는데, 당시 일반 백성들이 국왕을 '파로'라고 부르기 시작한 것이 '파라오'로 발전한 것이다. 원래 '파로$^{Par-o}$'는 '커다란 집', 즉 왕궁을 가리키는 말로, 그 말이 곧 국왕을 지칭하는 말로 사용되었다. 오늘날 우리가 교황을 '성좌$^{the\ Holy\ Chair}$'라 부르는 것과 비슷한 이치였다. 이후, 당시 이집트에 억류되어 있던 이스라엘 포로들도 국왕을 파라오라 부르기 시작했고, 기원전 950년에는 파라오가 이집트의 통치자를 가리키는 공식 칭호가 되었다.

쿠푸 왕의 시신은 쿠푸 피라미드에 안치되어 있다?

엄청난 규모를 자랑하는 쿠푸 피라미드의 내부에는 묘실이 하나가 아니라 두 개가 있다. 그중 한 개는 여느 피라미드처럼 아래쪽에 위치해 있고 나머지 하나는 42미터 높이에 설치되어 있는데, 두 번째 묘실은 여러 개의 작은 방들과 통로로 둘러싸여 있다. 그 방들이나 통로에 대해서는 알려진 바가 그리 많지 않다. 학자들은 그중 장식이 거의 없는 한 개의 방에서 장밋빛 화강암으로 만든 미완성 상태의 육중한 석관을 발견했다. 하지만 그곳에 사체가 놓여 있던 흔적은 전혀 발견되지 않았다. 쿠푸^{Khufu}(재위 BC 2554~2531년경) 왕의 사체가 쿠푸 피라미드가 아닌 또 다른 은밀한 곳에 안치되어 있는지 혹은 쿠푸 왕이 사체를 수습할 수 없는 방식으로 최후를 맞았는지 여부는 지금까지 밝혀지지 않았다.

 ## 피라미드는 노예들이 건축한 것이다?

피라미드는 이집트의 일반 백성들이 건축한 것이다. 이집트 농부들은 나일 강이 범람하여 논밭을 뒤덮는 여름(7~10월)이면 건설 인부로 일하며 생계를 유지했다. 당시 피라미드 건축에 참가한 노동자들에게는 숙식이 무료로 제공되었고, 약간의 보수도 지급되었던 것으로 추정된다. 게다가 이집트인들은 파라오의 무덤 축조에 참가하는 것이 곧 신을 섬기는 행위라 믿었다. 학자들의 증언에 따르면 피라미드 하나를 건축할 때마다 수천 명의 전문가들과 더불어 수만 명의 '단기 인력'이 동원되었다고 한다.

 ### 피라미드의 외관은 4500년 전이나 지금이나 동일하다?

고대 이집트인들에게 지금의 피라미드를 보여주면 아마 너무 초라하다고 생각할 것이다. 원래 피라미드의 외부는 윤이 나는 백색 화강암 석판으로 마감되어 있었다. 당시 피라미드를 직접 목격한 이들은 달빛을 받은 피라미드가 마치 내부에 조명을 단 크리스털처럼 반짝반짝 빛났다고 증언했다. 그뿐 아니라 정상 부분은 황금으로 뒤덮여 있어 햇빛이 그 부분을 비출 때면 피라미드가 천상과 대지, 즉 태양신과 파라오를 잇는 연결 고리가 되어 주었다. 참고로 그와 비슷한 형태의 황금 장식은 오벨리스크 꼭대기 부분에서도 관찰할 수 있다.

 ### 스핑크스는 여성이다?

이집트의 스핑크스는 사자의 몸을 한 파라오의 모습을 형상화한 것인데, 그 주인공은 카프라^{Khafra}(재위 BC 2522~2489) 왕으로 추정된다. 즉 여성이 아니라 남성을 형상화한 것이었고, 나아가 파라오를 태양신 라^{Ra}로 묘사한 것이었다. 참고로 그보다 더 이후에 축조된 카르나크와 룩소르의 스핑크스들은 수호신 아몬^{Amon}의 상징인 숫양의 머리를 하고 있고, 그리스 신화에서는 스핑크스가 몸의 절반은 여성, 절반은 표범 형상을 한 기괴한 동물로 묘사되어 있으며, 히타이트족^{Hittite}의 스핑크스도 남성이 아니라 여성이었다고 한다.

파라오들의 무덤은 모두 다 계곡에 위치해 있다?

피라미드는 원래 평지에 건축되었다. 그런데 대부분의 피라미드들이 내부에 설치된 묘실에 접근하기 위해선 비밀 통로를 지나 바닥이나 천장에 나 있는 은밀한 문까지 통과해야 하는 구조로 되어 있음에도 불구하고 도굴꾼들이 늘 극성을 부렸다. 이를 막기 위해 기원전 16세기의 파라오들은 좁고 꼬불꼬불한 계곡에 무덤을 설치했다. 이른바 '왕가의 계곡$^{Valley of the Kings}$'이라 불리는 계곡이 바로 그곳이다. 처음에는 비밀이 유지되었다. 30미터 높이의 절벽에 왕들의 무덤이 있으리라고는 아무도 상상하지 못했던 것이다. 하지만 얼마 지나지 않아 도굴꾼들이 다시 들끓기 시작했고, 결국 파라오들은 무덤을 다시 평지에 축조하는 대신 경비를 강화하는 쪽으로 전략을 수정했다. 그러나 그 두 전략 중 어떤 것도 도굴꾼들의 '재능'을 당해내지는 못했다고 한다.

투탕카멘^{Tutankhamen}(재위 BC 1336~1352년경)은 어린 나이에 최고의 자리에 올랐다가 요절한 비운의 파라오였다. 그런데 투탕카멘의 시신이 안치되어 있는 무덤은 파라오의 무덤들 중 유일하게 도굴 피해를 입지 않았다. 그만큼 눈에 잘 띄지 않았기 때문이다. 무덤의 존재가 세상에 알려진 것도 람세스 6세^{Ramses VI}(재위 BC 1144~1136) 덕분이었다. 람세스 6세를 위해 화려한 무덤 입구를 설치하려다가 그 밑에 있던 투탕카멘의 묘를 우연히 발견하게 된 것이다.

하트셉수트와
이크나톤

시체를 미라로 만들 때에는 콧구멍을 통해 뇌를 제거했다?

부자들에게만 해당되는 말이다. 신체 장기와 더불어 뇌까지 제거하는 방법은 과정도 복잡하고 비용도 많이 들어서 신분이 높은 이들만 누릴 수 있는 호사였다. 중산층은 입이나 코 등 신체 자체에 나 있는 구멍들에 삼나무 기름을 주입하여 장기를 녹였고, 가난한 서민의 사체는 소금물이나 소다액에 담갔다가 자연 건조시켜 미라를 만들었다.

이집트인들은 상형 문자로만 글을 썼다?

'상형hieroglyph'은 그리스어로 '성스러운 기록sacred carvings'을

뜻한다. 즉 상형 문자는 신성 문자^{神聖文字, Hieroglyph}였다. 상형 문자의 형태는 매우 복잡했기 때문에 종교적 목적이나 국가적으로 중대한 사안을 발표할 때에만 활용되었다. 평소에는 기원전 1500년을 즈음하여 개발된 신관 문자^{神官文字, Hieratic}를 사용했다. 신관 문자는 일상생활에서 쉽게 사용할 수 있는 간단한 형태의 문자였다. 이후 기원전 700년경에는 민중 문자^{民衆文字, Demotic}가 등장했는데, 아마도 당시 사람들의 일상생활 용어에 맞추어 개발된 것으로 추정된다. 참고로 신관 문자는 갈대 붓과 잉크를 이용해 파피루스에 기록한 반면, 민중 문자는 돌이나 나무에 새겼다고 한다.

하트셉수트는 유일한 여성 파라오였다?

이집트에는 제6왕조 말기의 니티크레트^{Nitiqret}(재위 BC 2184~2181년경), 제12왕조 말기의 세베크네페루^{Sebekneferu}(재위 BC 1790~1785) 등 그 외에도 몇몇 여성 통치자들이 있었다. 이크나톤^{Ikhenaton}(재위 BC 1364~1347)의 딸들 중 한 명도 비록 기간은 길지 않지만 섭정을 한 적이 있다. 하지만 여성 파라오들 중 자신을 기념하는 건축물을 남긴 이는 하트셉수트^{Hatshepsut}(재위 BC 1490~1468년경)가 유일했다. '하트셉수트 장제전^{Funerary Temple of Hatshepsut}'이라 불리는 그 신전에는 남장을 한 하트셉수트의 석상이 여러 개 놓여 있는데, 팔자 콧수염과 턱수염을 기른 것도 있다고 한다.

하트셉수트는 후계자인 투트모세 3세에게 살해당했다?

하트셉수트 여왕은 본디 자신의 조카이자 양아들인 투트모세 3세Thutmose III(재위 BC 1490~1436년경)의 섭정인이었다. 하지만 섭정을 시작한 지 몇 년 되지 않아 자신이 직접 왕위에 올랐다. 투트모세 3세는 공식적으로는 공동 통치자였지만 실제론 하트셉수트의 그늘에 가려 아무런 힘을 쓰지 못했다. 혈기왕성한 젊은 투트모세 3세가 그러한 상황을 왜 좌시했는지는 역사학자들도 풀지 못한 수수께끼로 남아 있다. 몇몇 학자들은 하트셉수트의 조각상들 중 훼손된 것들이 많다는 점에 착안해 투트모세 3세가 하트셉수트를 살해하려 했다고 추측하기도 했다. 하지만 하트셉수트의 조각상들은 여왕이 세상을 떠난 지 한참 뒤에 훼손된 것으로 밝혀졌고, 하트셉수트가 후계자에 의해 살해되었다는 증거는 어디에서도 발견되지 않았다.

고대 이집트인들은 매우 호전적이었다?

전차를 타고 있는 모습이나 적을 때려죽이는 모습으로 파라오를 묘사한 작품들이 적지 않지만, 실제로 이집트인들이 전쟁을 치른 상대는 리비아의 유목민이나 쿠시족^{Kush} 정도뿐이었다. 참고로 쿠시족은 오늘날의 수단^{Sudan}에 해당되는 누비아 지역에 거주하던 민족으로, 군사력이 상당히 약했다고 한다. 한편, 기원전 1500년경부터는 이집트도 본격적으로 영토 확장 경쟁에 뛰어들었지만 강대국들을 상대하기에는 역부족이었기 때문에, 기마병과 전차를 앞세운 파라오들은 이스라엘 민족을 비롯한 몇몇 약소 유목 민족들을 정복하는 것으로 만족해야 했다.

이스라엘 민족의 이집트 대탈출은 전설에 불과하다?

적어도 어떤 파라오가 이집트를 탈출하는 이스라엘 민족을 추격하다가 홍해에 빠져 죽었다는 기록은 존재하지 않는다. 파라오들의 사체는 모두 다 고급 향유로 뒤덮인 채 피라미드에 안전하게 안치되어 있다. 그런데 람세스 2세^{Ramses II}(재위 BC 1279~1212) 당시에 기록된 자료에 따르면 이집트에 거대한 창고를 건설할 때 '아시아인'들(당시 이집트인들은 시나이 반도 건너편에 사는 부족들 모두를 아시아인으로 불렀다)이 투입되었다고 한다. 아마도 이스라엘 출신의 몇몇 유목 민족들이 가뭄을 피해 이집트에 왔다가 건설 현장 인부로 일했고, 기원전 1250년경을 기하여 다시 가나안^{Canaan} 지역으로 되돌아간 것으로 추정된다.

이크나톤의 원래 칭호는 아멘호테프 4세^{Amenhotep IV}(재위 BC 1364~1347)이다. 아멘호테프 4세가 통치하던 시절, 이집트에 많은 변화가 있었다. 수많은 신들 중 아톤^{Aton}만을 숭배하게 한 것, 아몬라^{Amon-Ra}를 숭배하는 사제들의 권력을 백지화한 것 등이 대표적 사례이다. 아몬라의 조각상들도 모두 파괴했다. 이크나톤은 또 수도를 테베^{Thebe}에서 아마르나^{Amarna}로 옮겼고, 초현실주의에 가까운 예술 양식도 도입했다. 하지만 이크나톤의 혁명을 성공적으로 평가하기에는 무리가 있다. 이크나톤이 세상을 떠나자 다시금 다신교가 등장하는 등 예전의 상황이 고스란히 재현되었기 때문이다.

고양이와 화장품

고대 이집트인들은 사람과 모습이 비슷한 신들을 숭배했다. 단, 주로 고대 토템 신앙에서 기원한 신들이었기 때문에 머리 부분만큼은 동물의 형상을 하고 있었다. 이집트인들이 본격적으로 동물을 숭배하기 시작한 것은 기원전 700년경부터였다. 아시리아인들의 지배를 받으면서 '이집트다운 것'에 대한 향수가 일기 시작한 것이었다. 당시 이집트인들은 동물을 신처럼 숭배하고 죽은 동물을 미라로 만드는 것이 곧 이집트의 옛 전통을 따르는 것이라 믿었는데, 로마인이나 그리스인들의 눈에는 그저 우스꽝스러운 행동으로 비쳤다.

이집트의 통치자들은 주로 친누이와 결혼했다?

고대 이집트 왕실에서 근친결혼은 특별한 사건이 아니었다. 많은 다른 나라의 왕실 역시 가족이나 친족 간의 결혼이 통상적이었다. 그런데 이집트 통치자들의 배필은 대개 친누이가 아니라 배다른 누이였다. 친남매 간에 결혼한 최초의 사례는 아르시노에 2세^{Arsinoe II}(BC 316~270)와 프톨레마이오스 2세^{Ptolemaios II}(BC 308~246)의 혼인이었다.

 클레오파트라는 이집트인이었다?

클레오파트라 7세^{Cleopatra VII}(재위 BC 51~30)는 프톨레마이오스 왕조, 즉 마케도니아 왕가 출신이었다. 마케도니아 왕국은 기원전 367년부터 이집트의 지배하에 놓여 있었는데, 프톨레마이오스 가문은 그런 상황에서도 알렉산드리아^{Alexandria}를 세계 최대의 상업 도시이자 학술의 메카로 발달시켰다. 그 과정에서 마케도니아가 이집트의 풍습이나 이집트에서 온 이주민들을 전혀 받아들이지 않은 것은 아니지만, 요직들은 모두 프톨레마이오스 가문 출신들이 차지했고, 이집트인들은 주로 농업에 종사하며 밀이나 기타 농작물을 재배했다.

클레오파트라의 코는 높았다?

　만화 《아스테릭스^{Astérix}》에는 클레오파트라가 대단한 미모의 소유자로 묘사되어 있지만 수많은 역사학자들은 클레오파트라가 특별히 예쁜 편이 아니었고, 무엇보다 코가 기다랗고 휘어 있었다고 말한다. 그렇다고 클레오파트라에게 매력이 없었다는 뜻은 아니다. 분명 거부할 수 없는 매력과 명석한 두뇌의 여성이었다. 클레오파트라는 정치와 경제에 대한 이해력이 뛰어났고 외국어에도 탁월한 재능을 지니고 있었다. 클레오파트라가 가장 유창하게 구사한 외국어는 당연히 이집트어였을 것이다. 한편, 클레오파트라의 이미지가 향락만 추구한 간교한 여인으로 변질된 것은 무엇보다 그녀의 정적이었던 옥타비아누스^{Octavianus}, 즉 훗날 아우구스투스^{Augustus}(BC 63~AD 14) 황제가 된 인물 때문이라 한다.

화장품은 처음부터 외모를 가꾸는 도구였다?

　화장품과 관련된 가장 오래된 유물은 이집트에서 발견되었는데, 5000년 이상 된 것으로 추정된다. 당시 사람들은 햇빛으로부터 피부를 보호하기 위해 주로 눈 주변에 파우더나 오일을 발랐다고 한다. 그러나 화장품의 목적과 용도는 이내 다른 곳으로 향했다. 신체적 매력을 돋보이게 하기 위해 색깔이 들어간 크림이나 향수를 사용하기 시작한 것이다. 반면 그리스인들은 기원전

700년경까지도 오로지 올리브유와 버터만 사용했고, 특히 남성들 사이에서는 향기를 내뿜는 오일이 남자답지 못한 것으로 치부되었다고 한다.

고대 이집트인들은 모두 뛰어난 기수들이었다?

웬만한 서사극에는 주인공이 힘차게 "이랴!"를 외치며 말을 달리는 모습이 등장한다. 하지만 트로이 전쟁에서도 고대 이집트에서도 기마병은 없었다. 최초로 말을 타기 시작한 이들은 스키타이인들Scythian이었고(BC 1000년경), 이후 아시리아족과 켈트족, 게르만족이 기마 문화를 받아들였다. 하지만 고대 이집트와 그리스 그리고 로마 사람들은 전차에 대한 충성심을 오랫동안 저버리지 않았다. 한편, 바지를 입는 민족들만 말을 탔다는 주장도 있는데, 확실한 것은 아니다.

'해상 민족'들은 바다 건너편에 있는 땅만 정복했다?

기원전 12세기에 한 부족이 배를 타고 지중해를 건너와 이집트를 공격했다. 정확히 어느 부족인지는 밝혀지지 않았지만, 기원전 11세기를 전후해 발칸 반도에서 지중해로 이주한 부족들 중 하나로 추측된다. 그런데 당시 근거지를 이동한 부족들의 정체를 알 수 없다는 이유 때문에 지금은 그 모든 부족들을 통틀어 '해상 민족' 혹은 '해인海人, Sea People'으로 부른다. 한편, 프리기아인Phrygian과 미시아인Mysian은 히타이트를 정복할 때 바다를 통과하지 않았음에도 불구하고 해상 민족으로 분류된다. 즉 모든 해상 민족들이 바다 건너편에 있는 땅만 정복한 것은 아니었다. 참고로 해상 민족 중 가장 대표적인 부족은 성경에 나오는 블레셋인들Philistine이다.

트로이와 미케네

 **페니키아인들은 몰록 신을 위해 유아 제사를 지냈다?**

성경을 보면 페니키아인이 어린아이들을 몰록^{Moloch, Molech}에게 제물로 바치거나 불 위를 걷게 했다는 내용이 여러 차례 나온다. 하지만 몰록 신의 실재 여부는 증명되지 않았다. 히브리어로 '왕', '통치자'를 뜻하는 '멜렉^{Melech}'을 몰록과 혼동했을 것이라는 주장도 있지만, 그 역시 추측에 불과하다. 한편, 고대 저술가들은 아이들을 제물로 바치면 무쇠 팔이 자동으로 뻗어 나와 제물을 불구덩이에 쑤셔 넣는다고 기록했지만, 그 또한 백성들에게 겁을 주기 위한 수단이었을 것으로 추정된다. 그런데 유아 제사 관습이 아예 없었다고 말할 수도 없다. 페니키아의 식민지였던 카르타고에서 불에 타 죽은 어린아이들의 뼛조각 수천 개가 무더

기로 발견된 적이 있기 때문이다.

 ## 트로이 전쟁은 후세 사람들이 지어낸 것이다?

일반인은 물론이고 역사학자들 중에서도 다르다넬스 해협
Dardanelles Strait 남쪽 끝자락에 위치했던 도시 국가 트로이는 가
상의 도시이고, 트로이 전쟁 역시 소설 속 전쟁이라 말하는 이들
이 적지 않다. 하지만 히타이트에서 각종 문서들이 발견되면서
트로이 전쟁이 실제로 일어났을 수도 있다는 주장들이 대두되었
다. 그 문서들에 따르면 트로이에는 히타이트족과 친족 관계에
놓여 있던 루비족Luwian이 살고 있었는데, 루비족의 통치자 알락
산두스Alaksandus가 기원전 1280년경 히타이트 제국과 일종의 방
위 조약을 체결했다고 한다. 왕좌를 넘보는 내부의 적들로부터
자신과 조카 바르무Warmu를 보호하기 위해서였다. 하지만 그러한
조치들에도 불구하고 트로이는 기원전 12세기 초에 멸망하고 말
았다. 히타이트 제국이 그보다 조금 이른 시기에 분열되면서 트
로이를 지켜줄 동맹이 사라진 것이었다. 그 이후는 불을 보듯 뻔
했다. 강력한 군사력을 앞세운 미케네가 그 틈을 타 자원이 풍부
했던 트로이를 함락시킨 것이다.

트로이 전쟁은 그리스가 일으킨 것이다?

트로이 전쟁은 그리스가 건국되기 이전에 일어났다. 그 사실은 호메로스의 《일리아스》에서도 확인할 수 있다. 등장인물들이 누워서가 아니라 앉아서 식사한다는 점, 나아가 역풍에는 항해를 할 수 없다는 대사 등으로 미루어볼 때 트로이를 공격한 군대는 그리스가 아니라 미케네였을 가능성이 더 높다. 참고로 미케네의 영주들은 펠로폰네소스의 굳건한 성곽 안에 살면서 약탈 행위로 부를 축적했고, 기원전 16세기경부터는 지중해의 상권을 장악했다. 하지만 기원전 1100년경부터 그리스계 부족들이 몰려오면서 미케네 문명도 결국 최후를 맞고 말았다.

 크노소스 폐허에서 발견된 건축물은 원래 궁전이었다?

영국의 고고학자 아서 에번스 경^{Sir Arthur Evans}(1851~1941)은 크레타 섬의 크노소스에서 면적 2만 제곱미터에 달하는 거대한 건축물을 발굴했다. 수많은 방들이 복도로 이어져 있는 건물이었다. 그 순간 에번스 경은 전설에 휩싸인 '미노타우로스의 미궁'²⁾

---

2) 미노타우로스는 크레타의 왕 미노스의 아들 중 하나로, 포세이돈의 저주를 받아 황소 모양의 흉측스러운 머리를 달고 태어난 괴물이었다. 미노스 왕은 신하들을 시켜 거대한 미궁을 건설한 뒤 거기에 미노타우로스를 가두었다. 미노타우로스는 ㄱ 안에서 제물로 바친 아테네의 어린아이들을 잡아먹으며 살았다고 전해진다.

을 발견했다고 확신했다. 자신이 발견한 건축물이 크레타의 왕 미노스가 은밀하게 건설한 궁전이라 믿었던 것이다. 오늘날 학자들 중에도 에번스 경과 같은 생각을 지닌 이들이 많지만, 의심의 여지는 분명 남아 있다. 실제로 몇몇 학자들은 지하에 설치된 화려한 방들, 접근이 아예 불가능하게 설계된 식량 창고, 사용할 수 없게 고안된 욕조들 등으로 미루어볼 때 해당 건축물은 궁전보다는 왕가의 무덤에 더 가깝다고 주장하고 있다.

슐리만이 발견한 것은 아가멤논의 무덤이었다?

1876년 12월 6일, 독일의 아마추어 고고학자 하인리히 슐리만Heinrich Schliemann(1822~1890)은 그리스 국왕에게 '아가멤논의 무덤을 보았습니다!'라는 내용의 전보를 타전했다. 슐리만이 발견한 미케네 고분 안에는 복도를 통해 이어진 여러 개의 무덤이 있었고, 황금과 보석으로 뒤덮인 열다섯 개의 유해가 누워 있었다. 그중 가장 아름다웠던 데스마스크death mask는 지금도 '아가멤논의 황금 가면'으로 불리고 있지만, 사실 그 유물들은 기원전 1600년경의 것들이고, 아가멤논 왕은 그로부터 400년 뒤의 인물이다. 참고로 아가멤논 왕의 실존 여부조차 제대로 밝혀지지 않았다고 한다.

중세 때 상하수도 시설이 없었던 것은 사실이다. 하지만 그 이전에는 있었다. 지금까지 발굴된 것들 중 가장 오래된 상하수도 시설은 인더스 문명의 고대 도시 모헨조다로Mohenjo-Daro에서 발견된 것이다. 모헨조다로는 기원전 2600년경에 조성된 도시로, 인구수가 10만 명이 넘었을 것으로 추정된다. 모헨조다로의 수도 시설은 오늘날의 인도인들조차 부러워할 정도로 잘 정비되어 있었다. 각 주택들은 배수로와 연결되어 있었고, 집 안에는 욕조와 우물, 심지어 화장실까지 있었다. 히타이트 제국의 수도 하투샤Hattusa나 바빌론 등 그 외의 고대 대도시들 중에도 수도 시설을 갖춘 곳이 많았고, 로마에는 각 방에 물을 공급하는 수도꼭지까지 있었다고 한다.

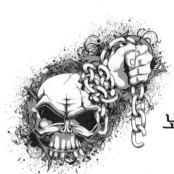

노예와 폭군

오리엔트 지방의 여성들은 모두 다 억압당했다?

바빌로니아와 이집트, 페르시아, 히타이트 여성들의 권리는 비록 남성의 권리에 비해 제한적이긴 했지만, 최소한 자신의 이름으로 된 재산을 보유할 수 있었고 상거래도 할 수 있었다. 이에 반해 그리스와 로마의 여성들에게는 아무런 법적 권리도 주어지지 않았다. 그중 그나마 로마 여성들은 법전에 명시된 것보다는 많은 권리를 누렸지만, 그리스 여성들은 그야말로 아이를 생산하는 기계에 불과했다. 반대로 스파르타는 남자들에게 노동이나 상거래를 금지시켰다. 즉 스파르타에서 경제권을 틀어쥐고 있는 이는 여성들이었고, 이에 따라 스파르타의 남편들은 경제적으로 아내에게 예속될 수밖에 없었다.

그리스인들도 뿔 모양의 술잔을 사용했다?

그리스인들은 여러 가지 모양의 술잔을 사용했는데, 개중에는 동물의 뿔 모양을 한 것도 있었다. 하지만 '리톤rhyton'이라 불리는 그 술잔은 페르시아에서 건너온 것이었고, 술잔이 아니라 술병으로 활용되었다. 즉 리톤의 아랫부분에 난 구멍으로 흘러나온 술을 대접에 받아서 마셨던 것이다.

독재자는 모두 다 폭군이었다?

그리스어의 '티라니스tyrannis'는 '독재자', 즉 모든 권력을 홀로 지닌 이를 뜻하는 말이었다. 처음에는 독재자라는 말 속에 어떤 선입견도 내포되어 있지 않았다. 단순히 1인 통치자를 의미하는, 어디까지나 가치 중립적인 단어였던 것이다. 하지만 많은 독재자들이 권력을 남용하면서 티라니스는 부정적인 어휘로 변질되고 말았다. 독재자가 원래 부정적인 의미의 단어가 아니었다는 사실은 로마 제국의 역사에서도 찾아볼 수 있다. 로마 제국에는 '선한 독재자'도 있었던 것이다. 참고로 로마인들이 말하는 선한 독재자란 그 누구보다 효율적인 정책을 펼치며 위기를 타개한 뒤 스스로 자리에서 물러난 통치자들이었다.

노예들은 아무도 하기 싫어하는 힘든 일에만 동원되었다?

일반 시민을 고용하는 것보다 값싸고 효율적이기만 하다면 노예들은 업종을 막론하고 투입되었다. 다시 말해 노예를 동원하지 않은 분야가 거의 없었다. 그 때문에 일반 시민들 중 하층민들은 일자리를 구하기가 더더욱 힘들었다. 노예 제도가 존재했던 미국 남부 지역에서도 비슷한 현상이 나타났다. 즉 하층민들은 돈을 벌 기회가 적었고, 그러다 보니 더러는 빈민층의 생활 수준이 심지어 노예들보다 낮아지는 현상이 벌어지게 되었다.

드라콘은 공평한 법률가였다?

그리스의 입법가 드라콘^{Drakon}(BC 650년경 출생)은 아테네의 옛 관습법을 강화해 강력한 법전을 제정했다. 안전한 법망을 구축하는 동시에 사회 질서를 위협하는 범죄를 근본적으로 막고자 한 것이었다. 의도적 살인과 우발적 살인을 구분했다는 점, 나아가 재판을 통해 살인 사건을 처리하려 했다는 점에서도 '드라콘의 법전^{Draconian Laws}'은 분명 높게 평가되어야 마땅하다. 하지만 아무리 당시 횡행하던 '피의 복수' 관행을 근절시키기 위해서였다고 해도 가벼운 범죄들에 대해서도 지나치게 가혹한 형벌을 내렸다는 비난은 피할 수 없을 듯하다.

레오니다스는 뛰어난 전략가였다?

실러의 시 〈산책Der Spaziergang〉에 보면 "방랑자여, 스파르타에 오게 되거든……Wanderer, kommst du nach Sparta……"이라는 구절이 등장한다. 기원전 480년경 스파르타의 국왕 레오니다스Leonidas 가 최정예 군사들을 이끌고 페르시아에 대항해 싸웠던 테르모필 레 전투Battle of Thermopylae를 노래한 구절이었다. 하지만 나폴레 옹을 비롯한 여러 군사 전문가들은 레오니다스가 당시 멍청한 희 생을 치렀다고 평가했다. 페르시아 군대가 이미 새로운 루트를 찾은 상황인데, 그런 점을 미처 간파하지 못한 채 무모한 싸움을 벌였다는 것이다. 해당 전문가들은 차라리 테르모필레 협곡을 포 기하고 정예군에 합류하는 편이 훨씬 더 현명한 선택이었을 것이 라 평가했다.

히포크라테스 선서는 히포크라테스가 작성한 것이다?

히포크라테스Hippocrates(BC 460~377년경)가 시대를 통틀어 가 장 위대한 의학자 중 한 명인 것은 분명하지만, 히포크라테스 선 서는 히포크라테스의 사후에 작성된 것이다. 그럼에도 불구하고 후배 의학자들은 코스Kos 섬 출신의 위대한 의학자 히포크라테스 를 기리기 위해 의료 역사에 길이 남을 그 문서에 '히포크라테스 선서Oath of Hippocrates'라는 제목을 붙이기로 결정했다. 그런데 요즘 우리가 말하는 히포크라테스 선서는 사실 1948년 스위스에서 개최된 세계의학협회에서 채택한 '제네바 선언^{Declaration of Geneva}'이다. 참고로 제네바 선언에는 원래 히포크라테스 선서에 포함되어 있던 조항들 중 환자의 정보에 관한 비밀 유지 의무나 환자의 생명과 건강을 우선시할 의무 등은 포함되었지만, 의술에 관한 비밀 유지 업무 등 일부 내용들은 제외되었다고 한다.

고대 시절에는 죄를 저지르면 무조건 신체적 형벌을 받았다?

그렇지 않다. 히타이트만 해도 대부분 범죄에 대해 벌금형을 내렸다. 즉 범죄자를 어떻게 처벌하느냐보다는 피해를 어떻게 배상하느냐에 더 초점을 맞춘 것이다. 이에 따라 타인을 살해하거나 타인의 신체 일부를 훼손한 이는 피해자 가족에게 물질적인 배상을 제공해야 했다. 예를 들어 가해자가 피해자 가족의 노예가 될 수도 있었고, 피해자가 생전에 했던 일을 가해자가 이어받는 경우도 있었다. 또는 사형 판결이 내려진 경우는 극히 드물었고, 일부 부족들 사이에 유행하던 신체 절단형도 히타이트에서는 거의 이루어지지 않았다. 게르만족이나 켈트족도 웬만한 범죄에 대해서는 돈으로 보상하라는 판결을 내렸고, 돌팔매질 같은 '인민재판'은 존재하지도 않았다.

올림픽과 월계관

○○○○ 기원전 776년에 최초의 올림피아드가 개최되었다?

기원전 776년에 개최된 것은 최초의 올림픽 경기$^{Olympic\ Games}$
이지 올림피아드^{Olympiad}가 아니다. 당시 올림피아드는 다음 올림
픽이 개최될 때까지의 4년이라는 기간을 가리키는 말이었다. 즉
올림피아드는 고대 그리스인들이 기원전 776년부터 햇수를 셀
때 사용한 일종의 단위였다. 참고로 당시 올림픽은 200미터 달리
기라는 단 한 개의 종목으로만 구성되어 있었고, 참가 자격도 매
우 느슨했다. 범죄 기록이 없으면서 자신의 고향에서 9개월, 올림
피아에서 30일 동안 훈련한 사람이라면 누구나 올림픽에 출전할
수 있었다.

올림픽에서 최초로 금메달을 딴 여성은 '키니스카Kyniska'라는 이름의 스파르타 공주였다. 키니스카는 기원전 396년과 392년에 개최된 올림픽에서 전차 경주 부문에서 챔피언 타이틀을 거머쥐었다. 하지만 그 시절에는 전차를 몬 사람이 아니라 마주馬主가 우승자로 기록되는 바람에 키니스카의 이름은 메달리스트 목록에 등록되지 못했다. 키니스카 이후에도 올림픽에서 우승한 여인들은 적지 않았지만, 모두들 비슷한 이유로 기록에서 사라졌다. 공식적으로 기록된 최초의 여성 금메달리스트는 영국 출신의 샬럿 쿠퍼Charlotte Cooper(1871~1967)였다. 쿠퍼는 1900년 파리 올림픽의 여자 테니스 부문에서 우승하며 역사에 길이 남을 대업을 달성했다.

올림픽과 관련된 최초의 뇌물 스캔들은 기원전 388년에 발생했다. 복싱 부문에 출전한 유폴로스Eupolos가 경쟁자 세 명에게 뇌물을 준 뒤 챔피언에 등극한 사건이었다. 이후 사건은 일파만파로 번졌지만, 당시에는 비리를 저지른 자가 월계관을 반납해야 한다는 규정이 없었다. 해당 사건은 결국 유폴로스가 제우스 동상 여섯 개를 기부하는 것으로 마무리되었다.

올림픽이 그 당시 매우 중대한 경기였던 것은 사실이지만, 올림픽 우승자라는 타이틀보다 더 영예로운 타이틀이 있었다. '페리오도니케^{Periodonike}'가 바로 그것인데, 4대 제전, 즉 올림피아에서 개최된 올림피아^{Olympia}, 델포이에서 개최된 피티아^{Pythia}, 아르골리스에서 개최된 네메아^{Nemea}, 코린트에서 개최된 이스트미아^{Isthmia}에서 중복으로 우승한 선수에게 수여되는 영예로운 상이었다. 참고로 크로톤 출신의 레슬링 선수 밀론^{Milon}은 페리오도니케 타이틀을 무려 여섯 차례나 거머쥐는 기염을 토했다고 한다.

고대 올림픽에 참가한 선수들도 아마추어가 아니었고, 기원전 4세기 이후 올림픽에서 우승한 선수들 역시 엄밀히 따지면 모두 프로 선수들이었다. 당시 올림픽에서 우승한 선수들에게 공식적으로 주어지는 상은 월계관뿐이었지만, 그 선수들의 고향에서는 선수들이 도착하기도 전에 이미 엄청난 부상들을 준비해두었다고 한다. 때문에 출신지를 '세탁'하는 이들도 적지 않았다. 뿐만 아니라 올림픽에서 우승한 선수들은 이후 다른 대회에 참가할 때마다 엄청난 액수의 출전비를 지급받았다고 한다.

◯◯◯ 김나지움은 그리스어로 '고등학교'를 뜻한다?

독일에서는 김나지움^{Gymnasium}이라 하면 흔히 중등학교 혹은 고등학교를 뜻하지만, 김나지움은 원래 그리스어 '벌거벗은 gymnos'에서 온 말이다. 운동선수들이 벌거벗은 채로 훈련했던 체육관이나 운동장을 김나지움이라 불렀는데, 기원전 4세기 즈음해서 등장했다. 그 시기에 그리스에는 직업 군인 제도가 도입되어 일반 남성들이 군에 입대하면서 체력을 단련할 기회가 사라지자 김나지움이라는 새로운 형태의 체력 단련장이 생겨난 것이었다. 참고로 김나지움에서 운동만 가르친 것은 아니었다고 한다. '나체 훈련장'의 교육 프로그램에 철학 강의도 포함되어 있었다.

◯◯◯ 아크로폴리스는 아테네에 있다?

그리스어로 아크로^{acro}는 '높은 곳'을 뜻하고 폴리스^{polis}는 '도시'를 뜻한다. 즉 아크로폴리스$^{Acro\ polis}$는 '높은 곳에 있는 도시'라는 의미이다. 그런데 고대 그리스에는 언덕 위에 위치한 도시인 아크로폴리스가 여러 군데에 있었다. 참고로 아크로폴리스는 원래 피난민들을 위한 주거 단지로 조성되었지만, 고급 주택과 궁전, 사원 등이 들어서면서 난민촌으로서의 특징들은 사라져버렸다. 한편, 요즘 우리가 말하는 아크로폴리스는 아테네의 '아크로폴리스', 즉 페리클레스^{Perikles}(BC 493~429)가 건축한 건물들 덕분에 그 어느 아크로폴리스와도 비교할 수 없을 만큼 탁월한 지위를 확보한 바로 그 아크로폴리스이다.

○○○ 세계 최초의 등대는 알렉산드로스 대왕의 명에 의해 건축되었다?

알렉산드로스^{Alexandros}(BC 356~323) 대왕이 이집트에 알렉산드리아라는 대도시를 조성할 당시, 파로스 섬에 설치하라고 명한 것은 탑이지 등대가 아니었다. 먼 곳에서도 새로 조성된 항구를 한눈에 알아볼 수 있게 하려던 것이었다. 하지만 탑의 공사는 지연되었고, 그사이 알렉산드리아는 왕래가 빈번한 항구로 발달했다. 오늘날 세계에서 손꼽을 만한 기적에 속하는 130미터 높이의 탑이 완공된 것은 기원전 3세기에 이르러서였다. 이후 알렉산드리아의 항구를 오가는 배들의 수가 늘어나면서 탑 내부에 조명을 설치하기로 결정했고, 그러면서 '알렉산드로스의 탑'은 '알렉산드로스의 등대'로 거듭났다.

에트루리아인과 로마인

▥ 에트루리아인들은 처음부터 잔인하고 음산한 문화를 좋아했다?

에트루리아인들Etruscan이 잔인하고 음산한 문화를 즐겼다는 오해가 널리 퍼진 이유는 에트루리아인들이 살았던 집은 발견되지 않은 채 무덤만 발견되었고, 그 무덤에 그려진 벽화들이 중세 화가들이 지옥 풍경을 묘사할 때 참고 자료로 썼다고 말할 만큼 무시무시했기 때문이다. 하지만 고대 저술가들의 글 속에 등장하는 에트루리아인들은 무시무시한 악한이라기보다는 음주가무를 즐기는 유쾌한 민족에 가까웠다. 기원전 4세기 이전에 조성된 에트루리아인의 무덤 내부에도 잔치 장면을 그린 벽화가 대부분이었다. 귀신이나 폭력을 묘사한 무덤 벽화들은 그 이후에 등장하기 시작한 것들이다.

로마인들은 누워서 밥을 먹었다?

누운 자세로 밥을 먹는 문화를 아시아에서 최초로 '수입'한 것은 그리스인들이었다. 이후 기원전 6세기를 즈음하여 몇몇 로마인들도 누워서 식사를 하기 시작했다. 하지만 그 이전 시기 작품인 호메로스의 서사시에 등장하는 영웅들은 모두 다 앉아서 밥을 먹었다. 누워서 밥을 먹는 관습이 로마에 도입된 뒤에도 실제로 그렇게 식사 하는 이들은 남자들뿐이었고, 그것도 잔치 때에만 그랬다. 여성과 아이들은 따로 차려진 상에 앉아서 식사를 했다. 참고로 특별한 행사가 없는 날이면 로마 남성들은 주로 길거리 음식점에서 간단히 허기를 때웠다고 한다.

'가족'은 혈연관계에 놓인 사람들만을 가리키는 말이다?

적어도 고대 로마 제국에서는 그렇지 않았다. 로마인들은 노예를 포함해 집안 식솔들 모두를 '파밀리아^{familia}'라고 불렀다. 집주인을 위해 일을 하고 그에 합당한 보수를 받는 이들, 즉 지금 식으로 말하자면 '직원'들 역시 모두 다 가족으로 간주한 것이다. 그뿐 아니라 집주인이 특정 지위에 오를 수 있도록 로비를 벌이는 '선거 홍보원'들도 가족의 범주에 포함시켰다고 한다.

▥ 로마 제국의 노예들은 해방된 뒤에도 높은 지위에 오를 수 없었다?

로마 제국의 노예들 중에는 자유의 몸이 되기 이전에 이미 온 갖 권한을 누린 이들도 있었고, 해방된 뒤에는 심지어 자신의 이름으로 상거래도 할 수 있었다. 옛 주인의 지위가 얼마나 높은가에 따라 해방된 노예들은 거상이 될 수도, 정계에 진출하여 상당한 영향력을 발휘할 수도 있었다. 물론 파트리치우스patricius, 즉 로마의 전통 귀족들이 보기에 그들은 벼락출세한 졸부들에 불과했지만, 당시 사회 분위기는 가난한 평민plebeian보다 노예 신분에서 벗어난 벼락부자들을 더 높이 평가했다.

▥ 최초의 만국 공통어는 라틴어였다?

그 이전에 이미 메소포타미아 지역의 아카드어Akkadian가 동방 제국 전역에서 널리 사용되었다. 참고로 아시리아어와 바빌로니아어도 아카드어에서 파생된 것들이라 한다. 기원전 900년경부터는 아람어Aramaic가 그 자리를 대체했다. 당시 아람어는 그리스와 인더스 백성들 사이에서 상거래용 언어이자 일상 언어로 사용되었는데, 아람 왕국을 멸망시킨 아시리아인들조차 22개의 자음을 지닌 아람 문자가 자신들의 쐐기 문자보다 더 실용적이라 평가했다고 한다. 아람어는 기원전 5세기 초반, 광대한 페르시아 제국의 공식 언어로 채택되기도 했다.

🏛 '포룸'은 로마의 시장이었다?

도시 국가가 발달하던 초반에는 포룸forum이 시장이었다. 하지만 그 이후 황제와 집정관들이 사원이나 공공건물 등을 짓기 시작하면서 포룸은 시장으로서의 기능을 잃어갔다. 그런데 원래는 중심부에 위치한 '포룸 로마눔Forum Romanum'이 로마의 유일한 포룸이었다가, 카이사르와 아우구스투스, 베스파시아누스, 네르바, 트라야누스도 포룸을 건설하면서 포룸의 개수가 늘어났다. 특히 '트라야누스 포룸Forum Trajanum'이 웅장하기로 유명한데, 150개의 상점이 입점한 6층 높이의 쇼핑센터도 들어서 있었다고 한다.

🏛 말을 타는 사람들만이 기사 작위를 취득할 수 있었다?

로마 제국에서 기사Eques라는 호칭은 약간의 특권을 지닌 중간 계급을 가리키는 말이었다. 원래는 최소한 말 한두 필과 노예 한명, 전쟁에서 쓸 무기를 구입할 수 있는 자금을 보유해야 기사 신분을 획득했지만, 시간이 흐르면서 돈만 있으면 기사 작위를 살 수 있게 되었다. 참고로 기원전 218년경, 전통 귀족들의 상거래가 금지됨에 따라 기사들은 군납업자나 은행가, 부동산 중개업자, 광산업자 등으로 활약하며 큰돈을 벌어들였다고 한다.

🏛 로마는 일곱 개의 언덕 위에 건설되었다?

로마는 원래 팔라티노^{Palatino} 언덕을 중심으로 조성된 도시인데, 언젠가부터 '일곱 개의 언덕으로 이루어진 도시'라 불리기 시작했다. 참고로 일곱 개의 언덕이 최초로 언급된 자료는 서기 4세기의 문헌이었다. 거기에는 팔라티노^{Palatino}, 아벤티노^{Aventino}, 첼리오^{Celio}, 에스퀼리노^{Esquilino}, 타르페이오^{Tarpeio}, 바티카노^{Vaticano}, 잔콜로^{Giancolo}가 로마의 기반이 된 언덕들로 명시되어 있었다. 하지만 요즘 학자들은 타르페이오, 바티카노, 잔콜로를 제외하고 대신 비미날레^{Viminale}, 퀴리날레^{Quirinale}, 카피톨리노$^{Capitolino/Campidoglio}$를 추가한 것이 '영원한 일곱 언덕의 도시'의 기반이었다고 주장한다. 둘 중 어느 것이 진실인지는 정확히 알 수 없지만, 어쨌든 로마에 언덕이 수없이 많다는 것만큼은 확실하다. 즉 로마는 비단 일곱 개가 아니라 그보다 더 많은 언덕 위에 세워진 도시인 것이다. 나아가 7이라는 숫자는 상징적인 의미밖에 지니지 않는 것으로 추정된다.

카이사르와 검투사

🛡 카이사르는 "주사위들이 떨어졌다"라고 말했다?

독일어에선 "주사위들이 떨어졌다^{DIE Würfel sind gefallen}"라는 관용구가 자주 사용된다. 그러나 기원전 49년, 루비콘 강을 건널 당시 카이사르^{Caesar}(BC 100~44)가 한 말은 "주사위는 높이 던져졌다^{DER Würfel ist hochgeworfen}"였다. 해당 관용구는 라틴어로는 '알레아 이악타 에스트^{Alea iacta est}'인데, 수에토니우스^{Suetonius}(70~140년경)가 기록한 그 말을 독일어로 번역하는 과정에서 여러 가지 실수가 발생했다. 즉 하나의 주사위를 뜻하는 '알레아^{alea}'를 단수가 아닌 복수로 번역하고, 나아가 던지다라는 뜻의 '이악타^{iacta}'를 '떨어졌다'라고 잘못 번역하면서 "주사위는 던져졌다"라는 말이 독일어에서는 "주사위들이 떨어졌다"로 둔갑

해버린 것이다.

🛡️ 카이사르는 죽기 직전 "브루투스, 너마저"라는 말을 남겼다?

"브루투스, 너마저!$^{Et\ tu,\ Brute!}$"는 절친한 벗이었던 마르쿠스 주니우스 브루투스$^{Marcus\ Junius\ Brutus}$(BC 85~42)의 배신을 견디지 못한 카이사르가 죽기 직전에 남긴 말로 유명하다. 하지만 등에 여덟 차례나 칼을 맞은 카이사르가 정말 브루투스를 알아봤을까? 로마의 두 역사학자 수에토니우스와 카시우스 디오$^{Cassius\ Dio}$(155~229년경)도 카이사르가 아무 말도 남기지 못한 채 최후를 맞았다고 기록했다. 그런가 하면 카이사르의 마지막 말이 "브루투스, 너마저!"가 아니라 "아들아, 너마저!$^{tu\ quoque,\ fili\ mi!}$"였다는 설도 있다.

🛡️ 네로 황제는 로마에 직접 불을 지른 뒤 기독교도들에게 누명을 씌웠다?

서기 64년 7월, 로마에 대화재가 발생했고, 네로^{Nero}(37~68) 황제는 이를 기회 삼아 '도무스 아우레아$^{Domus\ Aurea}$', 즉 황금 별장을 건설했다. 그러자 네로 황제가 방화범이고, 로마가 불에 타는 내내 신이 난 네로가 노래를 불렀다는 소문이 급속도로 퍼져나갔다. 하지만 로마의 역사학자 타키투스^{Tacitus}(55~115)의 기록에 따르면 불이 났을 당시 네로 황제는 로마가 아닌 안티움^{Antium}에 체류 중이었고, 화재 소식을 접하자마자 로마로 돌아와 공원과 각종 공공건물들을 비상 대피소로 지정했다고 한다. 이후 화재 사건에 대한 책임을 묻는 과정에서 기독교도 200~300명이 처형되었다고 하지만, 당시 처형된 이들이 독실한 기독교도들^{christiani}이 아니라 부동산 중개업으로 많은 이득을 취한 고리대금업자들^{chrestiani}이었다는 말도 있다. 즉 네로가 기독교를 탄압했다는 확실한 증거는 존재하지 않는 것이다.

로마의 원형 경기장에서는 검투사나 동물들의 시합이 개최되었다?

검투 시합이나 동물들의 힘겨루기가 개최된 곳은 원형 경기장^{circus}이 아니라 관중석으로 둘러싸인 원형 극장^{amphitheater}이었다. 하지만 원형 극장에서도 우리가 상상하는 것과 같은 선혈이 낭자한 시합은 그다지 자주 열리지 않았다. 둘 중 하나가 죽어야 끝나는 시합을 벌이기에는 해외에서 들여온 동물들의 몸값이 너무 높았던 것이다. 때문에 원형 극장에서는 주로 동물들이 벌이는 '진기명기 쇼'가 펼쳐졌다. 한편, 원형 경기장에는 전차 경주나 기마병들의 행렬 등을 위한 직선 형태의 트랙이 그려져 있었다. 그런데 원형 극장은 일정 규모 이상의 도시들 모두에 설치되어 있었지만 원형 경기장을 보유한 도시는 그리 많지 않았다. 참고로 원형 경기장 중 가장 유명한 곳은 로마의 '키르쿠스 막시무스Circus Maximus'이다.

베스파시아누스 황제는 시민들에게 화장실 사용료를 부과했다?

베스파시아누스Vespasianus(9~79)가 세수 조달에 있어 다양한 기지를 발휘했던 것은 사실이지만, 시민들에게 화장실 사용료를 내라고 요구하지는 않았다. 대신 베스파시아누스는 공중화장실에서 수거한 소변을 직물업자나 무두장이들에게 판매했다. 천이나 가죽을 가공할 때 요산尿酸이 필요하다는 점에 착안한 정책이었다. 하지만 베스파시아누스의 아들 티투스Titus(39~81)는 아버지의 정책을 그다지 좋아하지 않았고, 그러자 아버지는 아들에게 "돈에서는 악취가 풍기지 않는다Pecunia non olet"라는 유명한 충고를 남겼다고 한다.

콜로세움이라는 이름은 거대한 규모 때문에 붙여진 것이다?

콜로세움이 웅장한 규모의 경기장이라는 데에는 의심의 여지가 없다. 5만 명을 수용할 정도였으니, 요즘 축구 경기장과 비교

해도 절대 뒤지지 않는다. 그런데 '콜로세움^{Colosseum}'이라는 이름은 사실 2세기경 그 부근에 설치된 네로 황제의 거대한 조각상^{colossus}에서 비롯된 것이다. 참고로 5층 높이의 웅장한 콜로세움은 본디 서기 80년을 즈음하여 '플라비우스 베스파시아누스의 원형 극장^{Amphitheatrum Flavium}'으로 축조된 것이었다고 한다.

검투사들이 시합할 때면 여성 관중들이 맨 앞자리에 앉았다?

검투사들의 시합을 다룬 영화는 쉽게 말해 '이탈리아판 서부극'이라 할 수 있고, 그런 영화의 감독들 중에서 검투 시합이 벌어지는 경기장 앞쪽에 매력적인 여성을 배치하고 싶은 유혹을 떨쳐낼 수 있는 이들은 거의 없었을 것이다. 하지만 '스파게티 서부극'과 현실은 달랐다. 로마 제국의 여성들은 관중석에서 가장 높은 자리에만 앉을 수 있었다. 즉 여성들에게는 반나체 상태인 남성의 몸이나 낭자한 선혈을 제대로 볼 수 없는 자리만 배정해준 것이다.

카라칼라 욕장은 로마 최대의 욕장이었다?

카라칼라 욕장^{Terme di Caracalla}의 규모가 웅대한 것은 분명하다. 44미터 높이에 10만 제곱미터의 면적을 자랑한다. 하지만 그보다 더 큰 공중목욕탕이 있었다. 디오클레티아누스^{Diocletianus}(243 ~316) 황제 시절에 건설된 욕장이 바로 그것인데, 면적이 11만 2000제곱미터에 달했다. 그런데 아쉽게도 디오클레티아누스 욕장의 유적은 현재 남아 있지 않다. 혹시 그 크기를 확인하고 싶다면 한때 미온탕^{Tepidarium}으로 사용되었던 산타 마리아 델리 안젤리 대성당^{La Basilica di St. Maria degli Angeli}과 성벽의 일부로 개조된 베르나르도 성당^{Chiesa di St. Bernardo} 사이를 산책해보기 바란다.

봉밀주와 룬 문자

로마의 역사학자이자 저술가인 타키투스도 증언했듯, 게르만족은 위생 개념을 매우 중시했다. 남녀를 불문하고 목욕을 좋아했고, 남자의 경우 특히 수염 손질에 공을 들였다. 남자들의 무덤에 청동으로 된 고급 면도기를 넣어준 것도 그 때문이었다. 역사학자들의 증언에 따르면 게르만족 소년들은 성인이 되었다는 증표로 자기 소유의 면도기를 선물 받았고, 죽을 때까지 그 선물을 소중히 다루었다고 한다.

게르만족의 생활 습관은 엄격함보다는 친절함으로 대변된다. 게르만족은 면식이 전혀 없는 낯선 손님뿐 아니라 심지어 원수에게도 잠자리와 먹을 것을 제공했다. 필요하다면 옷가지나 기타 필요한 집기들도 기꺼이 내주었다. 타키투스는 바로 게르만족의 그러한 특징들을 마음에 들어 했던 것이다. 나아가 게르만족의 정직함과 용기, 가정적인 면모, 민회^{Thing}를 통한 의결 방식 등도 좋아한 듯하다. 반면 당연한 말이겠지만, 게르만족 특유의 게으른 습관이나 호전적 기질, 음주를 즐기던 문화, 주사위 도박으로 가산을 탕진하던 면모는 타키투스의 반감을 샀을 것으로 추정된다.

❧ 민회는 민주적 모임이기는 했으나 실제적 권력은 미미했다?

민회는 자유로운 신분의 남성들로 이루어진, 게르만족 최고의 의사 결정 기구였다. 민회에서는 공작과 국왕을 선출했는데, 공작에게는 전쟁과 관련된 사안을 일임했고, 국왕에게는 문화나 종교적 분야의 수장 역할을 맡겼다. 두 분야를 통합하는 통치자가 등장한 것은 기원전 1세기였다. 메로빙거^{Merovinger} 왕조가 건설한 거대한 왕국은 왕권 세습제를 도입했고, 그러면서 민회는 해당 지역에서나 의미를 지니는 힘없는 기구로 전락하고 말았다. 하지만 카를^{Karl}(748~814) 대제 시절에도 민회의 흔적이 발견될 정도로 그 영향력은 쉽게 사라지지 않았다.

☙ '게르만'은 '슈페어만'에서 온 말이다?

'게르만^{German}'의 어원에 대해서는 아직 확실하게 밝혀진 바가 없다. 하지만 창槍을 뜻하는 '슈페어^{Speer}'와 남자를 뜻하는 '만^{Mann}'이 결합된 단어 '슈페어만^{Speermann}'에서 유래한 단어라고 주장하는 학자는 거의 없다. 그보다는 라인 강 서쪽에 살던 켈트족, 즉 퉁그리족^{Tungri}이 게르만족의 기원이고, 게르만이라는 말이 '이웃'을 의미했다는 학설이 더 유력하다. 참고로 게르만족이라는 말을 처음 사용한 것은 로마인들이었다. 그때까지 아무런 명칭이 붙어 있지 않던 민족이었는데, 로마인들이 '게르만족'이라 부르기 시작한 것이었다. 실제로 게르만족은 로마인들이 이름을 붙여 주기 전까지 자신들을 어떻게 불러야 좋을지 모르고 있었다고 한다. 참고로 서유럽에 살던 켈트계 민족을 '갈리아족^{Gallian/Gauloise}'(=골족)이라 부르기 시작한 것도 로마인들이었다고 한다.

☙ 봉밀주는 게르만족의 발명품이다?

벌꿀로 만든 봉밀주^{mead}도 맥아로 만든 맥주도 게르만족의 발명품이 아니다. 둘 다 게르만족의 대표 음료로 알려져 있지만, 다른 문화권에서도 봉밀주나 맥주를 흔히 찾아볼 수 있다. 참고로 꿀과 물을 질그릇에 담아 술을 빚겠다는 아이디어가 어디에서 시작되었는지는 지금까지도 밝혀지지 않았다. 반면 맥주는 메소포타미아 지역에서 처음 담그기 시작한 것으로 추정되는데, 그 당시 메소포타미아인들은 이미 여러 종류의 맥주를 만들 수 있었다고 한다.

게르만족은 룬 문자를 썼다?

'룬Rune'이라는 이름은 '비밀'을 뜻하는 고트족의 말 '루나Runa'에서 온 것인데, 일반 문자와는 전혀 다른 형태의 문자였다. 룬 문자는 기원전 3세기경 라틴어 자모에서 파생되었고, 종교 의식이나 묘비명 혹은 기타 조각상들에만 활용되었다. 이 룬 문자는 한 글자 한 글자가 하나의 의미를 지닌 단어였다고 한다. 예컨대 나치가 승리의 상징으로 활용했던 룬 문자 'ϟ'는 '태양'이라는 뜻이었다. 한편, 게르만 문자를 창시한 사람은 울필라스Ulfilas(311~383년경) 주교였다. 룬어와 라틴어 그리고 그리스어로 된 성경을 고트어로 번역하는 과정에서 고트 문자라는 새로운 표기법을 고안했는데, 그것이 훗날 게르만족의 문자로 발전한 것이다.

몇몇 학자들은 오늘날 독일인들이 따뜻한 남쪽 나라를 그토록
동경하는 이유가 바로 역사적 사건 속에 있다고 주장하지만, 그
것은 사실이 아니다. 킴브리족^{Cimbri}과 튜턴족^{Teuton}이 잦은 홍수
피해 때문에 자신들의 고향이었던 유틀란트 반도 북부를 등진 것
은 맞지만, 궂은 날씨가 남하의 유일한 이유는 아니었다. 게르만
족이나 켈트족과의 충돌을 피하다 보니 점점 더 남쪽으로 내려
와야 했고, 결국은 로마군에 패한 뒤 갈리아 지방에 정착한 것
이었다.

아르미니우스와 바루스 전투

서기 9년 토이토부르거 숲^{Teutoburger Wald}에서 대전투를 치르기 이전까지는 게르만계 부족 국가 대부분이 로마의 속국이었다. 무력으로 정복당하거나 조공을 바치기로 합의한 것이었다. 그렇게 정복한 영토는 푸블리우스 큉크틸리우스 바루스^{Publius Quinctilius Varus}(BC 46~AD 9년경)가 관리했다. 바루스 총독의 주요 업무는 조공 거두기와 공개 처벌이었다. 게르만족 사이에서는 당연히 불만이 대두되었다. 조공을 바치라는 요구는 곧 자신들을 노예로 여긴다는 뜻이기 때문이었다. 나아가 아무리 죄를 지었어도 왜 만인이 보는 앞에서 잔혹하게 매질을 가하는지도 이해할 수 없었다. 게르만족의 그러한 불만은 결국 서기 9년, 아르미니우스^{Arminius}(BC 17~AD 21년경)의 게르만 연합군과 바루스 장군이 이끄는 로마군 사이의 혈전으로 이어졌다.

아르미니우스의 원래 이름은 헤르만이었다?

아르미니우스는 게르만계인 케루스키 부족의 통치자로, 로마에 항거한 대표적 인물이다. 그런데 아르미니우스라는 이름보다 '케루스키 사람 헤르만$^{Hermann\ der\ Cherusker}$'이라는 호칭이 더 널리 통용되고 있다. 16세기 몇몇 인문학자들이 아르미니우스라는 이름이 독일 이름 같지 않다는 이유로 아르미니우스를 헤르만으로 바꿔 버렸는데, 그것이 그대로 굳어진 것이다. 그런데 아르미니우스라는 이름도 사실 본명은 아니다. 부친과 같은 이름인 세기메루스^{Segimerus}가 본명으로, 아르미니우스라는 호칭은 로마에서 기사 계급을 취득할 때 부여받은 이름이라고 한다.

바루스 전투에서 게르만족이 승리한 것은 오로지 아르미니우스 덕분이었다?

독일에서는 서기 9년 게르만 연합군과 로마군 사이에 벌어진 전투를 당시 로마군 사령관의 이름을 따 '바루스 전투'라고 부른다. 그 전투에서 게르만 연합군은 대승을 거두었다. 이때 게르만

연합군이 승리할 수 있었던 가장 큰 이유는 아르미니우스를 향한 바루스의 무한한 신뢰였다. 사실 바루스에게 아르미니우스를 너무 믿지 말라고 충고한 이들이 매우 많았지만 바루스는 아르미니우스의 충성심에 대해 일말의 의심도 품지 않았다. 덕분에 아르미니우스는 날조된 소문 몇 개를 퍼뜨려 로마군을 폐쇄된 지형에 가둘 수 있었고, 오도 가도 못하게 된 바루스의 군대를 뒤쪽에서 습격함으로써 사흘 만에 일망타진했다. 참고로 아르미니우스는 그 후에 벌어진 전쟁, 즉 게르마니쿠스^{Germanicus}(BC 15~AD 19)가 이끄는 로마군과의 전쟁에서도 탁월한 군사적 기지를 발휘했다고 한다.

후세 사람들은 아르미니우스를 변절자라고 비난했다?

바루스 전투의 영웅 아르미니우스는 생전에 많은 이들에게 추앙받은 반면, 후세 사람들에겐 비난을 받았다는 말이 있다. 로마에서 성장했고, 로마에서 기사 계급을 받았으며, 바루스 총독의 전적인 신뢰까지 얻었으니 분명 배신자라는 낙인이 찍혔을 것이라는 추측이다. 하지만 전혀 그렇지 않다. 바루스 전투 이후 세월이 흐르면서 게르만족이 로마 제국과의 관계를 동등한 동맹 관계로 간주했기 때문이다. 즉 상대국이 약속을 이행하지 않을 경우 언제든 동맹을 파기할 수 있다고 본 것이다. 그러니 로마에서 자랐거나 로마 시민권을 획득했다고 해서 비난의 대상이 될 이유도 전혀 없었다.

로마의 저술가 타키투스는 서기 9년 가을, '토이토부르거에 있
는 숲saltus teutoburgensis'에서 전투가 벌어졌고, 거기에서 바루스
총독이 게르만족에게 대패했다고 서술했다. 그러나 수많은 학자
들의 노력에도 불구하고 그런 이름을 지닌 지역을 어디에서도 찾
을 수 없었다. 그러자 17세기 학자들은 데트몰트Detmold 인근의
오스닝Osning 산지가 해당 전투가 벌어진 곳이라 단언했고, '오스
닝 산'을 아예 '토이토부르거 숲'으로 바꿔 불렀다. 하지만 지금
학자들은 독일 북서부 브람셰Bramsche 지역의 석회암 지대를 바
루스 전투가 이뤄졌던 곳으로 추정하고 있다.

아르미니우스가 조직한 게르만 연합군은 어디까지나 합목적적
성격을 지닌 동맹이었고, 유지 기간도 8년밖에 되지 않았다. 동맹
이 해체된 이후 아르미니우스는 숙적 마로보두스Maroboduus가 이
끄는 마르코만니족Marcomanni을 공격해서 전쟁을 승리로 이끌었
는데, 마르코만니족 역시 게르만계 부족이었다. 하지만 그로부터
3~4년 뒤 아르미니우스 자신도 견제 세력에 의해 살해당하고 말
았다. 즉 로마인들이 더 이상 게르만족의 영토를 넘보지 않았음

에도 불구하고 게르만족은 정치적으로 통일된 단일 민족을 구성하지 못했던 것이다. 참고로 그 당시 게르만 부족들은 다른 게르만계 부족과 싸우기 위해 로마인이나 훈족과 연합하는 것도 서슴지 않았다. 다시 말하자면 '게르만 문화'라 부를 수 있는 거대한 문화는 존재했을지 몰라도 게르만족이 결코 단일 민족은 아니었던 것이다. 이에 따라 민족을 지칭할 때에도 단수가 아닌 복수, 즉 '게르만족'이 아니라 '게르만족들'이라고 말하는 것이 더 정확하다고 할 수 있다.

✕ 드루이드는 모두 켈트족 출신의 마법사들이었다?

드루이드Druid는 대개 켈트족 사제를 지칭하는 말로 사용되지만, 엄밀히 따지면 드루이드 안에서도 계급이 세 개로 나뉜다. 그 중 가장 높은 계급은 성직자였고, 그다음이 예언자, 맨 아래가 음유 시인들이었다. 각 계급들은 저마다 비밀 조직이 있었는데, 성직자들의 비밀 결사는 20년 동안 지속된 반면, 음유 시인들의 조합은 7년밖에 이어지지 않았다. 한편, 드루이드들은 다양한 부족 출신의 중립적인 인물들이어서 판사나 정치적 갈등의 중재자 등으로도 활약했다고 한다.

훈족과 반달족

훈족은 다른 부족보다 특히 더 잔인했다?

4세기경 유럽에서 치러진 전쟁들은 대부분 잔인했다. 그럼에도 불구하고 훈족^{Hun}이 특히 더 잔인하다고 평가받는 이유는 생김새가 여느 부족과 판이하게 달랐고, 나아가 말안장에 달린 발 받침대, 즉 등자^{鐙子} 덕분에 말 위에 앉은 상태에서도 적을 공격할 수 있었기 때문이다. 훈족 전사들은 달리는 말 위에서 갑자기 적군을 습격했고 사방으로 활도 쏘았다. 그러한 전투력 덕분에 훈족은 약 80년 동안 동유럽의 최강자로 군림했고, 나중에는 마그데부르크와 레겐스부르크를 남북으로 잇는 전선까지 진격했다. 참고로 그 당시 로마인이나 게르만족은 대개 훈족을 적으로 여겼지만, 필요한 경우에는 동맹을 맺기도 했다고 한다.

《니벨룽의 노래^{Nibelungenlied}》의 줄거리 중에는 역사적 사실과 일치하는 부분이 적지 않다. 니벨룽들(난쟁이들)이 도나우 강을 따라 훈족의 대왕인 에첼^{Etzel}(406~453)의 궁전까지 갔다는 이야기도 훈족 시절의 역사적 상황과 대부분 일치하고, 동게르만 부족 국가들이 훈족의 속국이었다는 내용도 역사적 사실에 크게 어긋나지 않는다. 하지만 게르만족 출신의 왕비 일디코^{Ildico}(《니벨룽의 노래》에서는 '크림힐트'로 나옴)가 군터 왕의 여동생이었다는 내용 등 몇 가지는 사실과 다르다. 부르군트의 왕 군터는 453년, 로마의 속주였던 벨기카^{Belgica}를 공격했고, 그로부터 2년 뒤 로마인들은 훈족 군사들을 보내 군터를 처단했다. 참고로 수장을 잃은 부르군트인들은 라인 강변의 보름스^{Worms} 지역에서 추방당한 뒤 알프스 서쪽의 사부아^{Savoie} 지방에 정착했다.

 반달족은 로마를 초토화시켰다?

기원전 455년, 게르만족의 일파인 반달족^{Vandal}이 2주 동안 로마 시내에서 노략질을 저지른 것은 사실이다. 하지만 당시 불에 타 무너진 건물은 많지 않았고 대규모 유혈 사태도 벌어지지 않았다. 로마의 외관을 손상시킨 정도로만 따진다면 그 이후에 나타난 정복자들, 즉 노르만족(1084년에 로마 정복)이나 카

를 5세(1527년에 정복)가 훨씬 더 심했다. 게다가 반달족이 로마를 아무 이유 없이 다짜고짜 침략한 것도 아니었다. 당시 반달족과 동맹을 맺었던 로마의 황제 발렌티니아누스 3세$^{Valentinianus\ III}$ (419~455)가 살해당한 데 대한 보복으로 침략을 한 것이었다. 참고로 미망인이었던 에우독시아^{Eudoxia}(422~462년경) 황비의 사주를 받아 반달족이 로마를 침공했을 가능성도 완전히 배제할 수는 없다고 한다.

알라리크는 어린 영웅이었다?

독일의 시인 아우구스트 폰 플라텐$^{August\ von\ Platen}$(1796~1835)은 자신의 시詩 〈부센토의 무덤$^{Das\ Grab\ am\ Busento}$〉에서 "그들은 너무도 일찍, 그것도 고향에서 너무나 멀리 떨어진 이곳에서, 아직 곱슬머리 금발이 어깨 위로 물결칠 정도로 어린 그를 땅에 묻어야만 했다"라고 노래했다. 하지만 서고트의 왕 알라리크^{Alaric}(370~410)는 어린 지도자가 아니라 산전수전을 모두 겪은 백전노장이었다. 알라리크는 훈족으로 인해 고트족이 피난민 신세를 면치 못하던 시절에 태어나 로마의 사령관 자리까지 올랐지만, 로마인들의 행태가 마음에 들지 않는다며 로마와의 동맹을 파기했고, 그리스를 반쯤 초토화시켰으며, 비잔티움 제국 내의 서로마 지역을 점령했고, 결국은 로마까지 함락시켰다. 그러나 그럼에도 불구하고 서고트인들은 오랫동안 생활 터전을 찾지 못하다가 알라리크가 세상을 떠난 뒤에야 비로소 스페인에 정착했다고 한다.

⚔ 테오도리크의 이름은 '디트리히 폰 베른'이었다?

둘은 서로 다른 사람이다. '베른의 디트리히', 즉 '디트리히 폰 베른Dietrich von Bern'은 중세의 전설적 영웅이고, 테오도리크Theodoric(454~526년경)는 동고트 왕국의 황제였다. 디트리히 폰 베른에 얽힌 영웅담이 테오도리크의 실화에서 비롯되었다는 학설도 없지 않지만, 두 영웅의 인생 역정에는 사실 공통점이 그다지 많지 않다. 베른의 디트리히는 아틸라가 통치하던 시절 라벤나 전투Battle of Ravenna를 승리로 이끈 인물이고, 테오도리크는 동로마 제국의 황제 제논Zenon(재위 474~491)의 명령에 따라 라벤나에서 게르만족의 수장인 오도아케르Odoacer(434~493년경)를 칼로 찔러 죽인 인물이다. 그렇다고 테오도리크가 잔인하기만 한 통치자는 아니었다. 오도아케르가 죽은 뒤 테오도리크가 그 땅을 통치했는데, 그 시기 해당 지역에서는 관용과 질서 그리고 문화가 최고조로 발달했다고 한다.

독일 작가 펠릭스 단$^{Felix\ Dahn}$(1834~1912)이 1876년《로마 전쟁$^{Kampf\ um\ Rom}$》이라는 역사 소설을 출간했을 당시 독자들의 반응은 상당히 뜨거웠다. 훗날 오선 웰스$^{Orson\ Welles}$(1915~1985)도 영화화할 정도였으니, 흥미진진한 책인 것만큼은 분명했다. 하지만 거기에 서술된 내용들이 모두 실제 역사에 근거한 것은 아니다. 유스티니아누스^{Justinianus}(483~565) 황제가 실존 인물이었던 것은 분명하다. 친로마 성향의 황제 테오도리크의 딸 아말라순타^{Amalasuntha}(535년 사망)가 사촌에 의해 살해당하자 유스티니아누스 황제가 이를 계기로 한때 서로마 제국의 땅이었던 영토를 침공했다는 것도 사실이다. 하지만 케테구스^{Cethegus}가 고트 왕국의 귀족들을 파멸시킨다는 스토리는 펠릭스 단의 머릿속에서 나온 허구일 뿐이다.

비잔티움 제국과 프랑크 왕국

🌑 '슬라브'는 '슬레이브'에서 유래되었다?

'슬레이브'에서 '슬라브'가 파생된 것이 아니라 '슬라브'에서 '슬레이브'가 파생되었다. 슬라브 사람을 지칭하는 '슬라브Slawe'는 원래 '슬로보Slowo'('단어'라는 뜻의 슬라브어) 혹은 '슬라바Slawa'('명예'라는 뜻의 슬라브어)가 변형된 것인데, 그것이 나중에 노예를 가리키는 단어 '슬레이브slave'로 바뀐 것이다. 참고로 비잔티움 사람들이 6세기에 슬라브족 출신 전쟁 포로들을 동방으로 팔아넘긴 데에서 그러한 변용이 일어난 것이라고 한다.

프랑크족^{Franck}은 서기 4세기경 여러 개의 게르만 부족들이 모여 구성된 부족으로, 독일의 코블렌츠와 브레멘 그리고 벨기에의 안트베르펜을 잇는 삼각 지대가 그들의 주요 생활 근거지였다. 즉 프랑크족 일부는 로마 제국의 영토에 살았고, 일부는 게르마니아의 영토에 산 것이다. 참고로 오늘날 '프랑크' 혹은 '프랑켄'으로 불리는 지역은 뉘른베르크와 뷔르츠부르크 등을 중심으로 하는 독일 남부 지역인데, 이곳 역시 프랑크족이 정복한 땅이었다. 5세기에 알레만족^{Alemanni}으로부터 이 땅을 빼앗은 것이었다.

이스탄불은 도시명과 관련해 복잡한 변천사를 지니고 있다. 기원전 7세기경, 보스포루스 해협에 비잔티움^{Byzantium}이라는 이름으로 도시가 건설되었고, 그로부터 약 400년 뒤인 기원전 330년경에는 콘스탄티누스^{Constantinus}(280~337년경) 대제가 비잔티움을 로마의 새로운 수도로 지정하면서 도시 이름도 '새로운 로마^{Nova Roma}'로 바뀌었다. 하지만 얼마 지나지 않아 '노바 로마'는 '콘스탄티노폴리스^{Constantinopolis}'로 다시 바뀌고 말았다. 이후 1453년, 콘스탄티노폴리스는 투르크족에게 함락되었고, 이름도 이스탄불로 바뀌었다. 그런데 이스탄불이라는 이름의 정확한 유래에 대해서는 알려진 바가 많지 않다. 참고로 해당 도시의 공식 명칭은 20세기 초반까지도 콘스탄티노플Constantinople이었다.

☺ '프랑크족'이라는 말은 '자유인'을 뜻한다?

독일어로는 프랑크족을 '프랑켄Franken'이라 부르는데, 프랑켄이라는 말은 원래 '뻔뻔하다, 무례하다, 건방지다'를 의미한다. 즉, 한 부족을 가리키는 호칭으로 쓰기엔 그리 적절한 단어가 아니었다. 사실 프랑크족이라는 말은 로마인들이 자신들의 땅을 자꾸만 넘보는 게르만 부족들을 프랑크족이라 부른 데에서 유래했다. 한편, 프랑크족이 모두 다 자유인이었던 것은 아니다. 프랑크족은 여러 개의 부족으로 구성되었는데, 로마 제국과 상관없던 라인 강 동쪽의 자유인들도 프랑크족에 속했지만, 라인 강 서쪽 지역의 주민들, 즉 로마의 속국 국민들도 프랑크족의 구성원이었다. 참고로 프랑크족은 로마인들이 민족 대이동 물결에 맞서 싸우느라 여념이 없는 동안 니더라인Niederrhein과 미텔라인Mittelrhein 지역[3]의 새로운 강자로 부상했다고 한다.

---

3) 니더라인은 지금의 노르트라인베스트팔렌 주 서부 지역에 해당되고, 미텔라인은 옛 서독의 수도인 본(Bonn)과 빙겐(Bingen) 시 사이의 골짜기의 지역을 가리킴.

❋ 프랑크 왕국에는 프랑크족이 가장 많이 살고 있었다?

메로빙거 왕가의 클로비스 1세^{Clovis I}(482~511)가 프랑크 왕국을 건국할 당시, 전체 국민 중 프랑크족 출신이 차지하는 비율은 2퍼센트밖에 되지 않았고, 대부분이 북서부 지방에 거주했다. 지금의 독일 동부나 남부 혹은 프랑스 남부 지방에 프랑크족이 모여 살았다는 기록은 지금까지 발견되지 않았다. 참고로 클로비스 1세는 프랑스 남부 지역의 통치권은 로마계-갈리아계 귀족들에게 위임했고, 바이에른이나 튀링겐, 작센 등에서는 조공만 제대로 바치고 자신의 외교 정책에 특별히 반대하지 않는 이상 원래 통치자의 권한을 그대로 인정해주었다. 반면 프랑크족 출신 귀족들은 모든 권리를 박탈당했고, 클로비스 1세의 측근들이 그 자리를 차지했다고 한다.

❋ 메로빙거 가문은 독일의 왕가이다?

당시엔 독일이라는 나라가 존재하지도 않았다. 게다가 메로빙거 가문은 독일-네덜란드-벨기에의 접경 지역에서 태동된 가문이라고만 알려져 있을 뿐, 정확한 유래는 밝혀지지 않았다. 나아가 메로빙거 가문이 통치한 영토는 오늘날의 독일과 프랑스, 벨기에, 네덜란드, 룩셈부르크, 스위스, 리히텐슈타인까지 아우를 만큼 매우 광대했다. 따라서 메로빙거는 독일의 왕가가 아니라 그 모든 나라들의 공통된 왕가로 간주하는 것이 옳다.

보니파키우스가 선교 활동을 하기 전까지 독일인들은 모두 이교도였다?

프랑크 왕국의 중심부인 라인 강 일대에는 보니파키우스의 선교 활동이 이뤄지기 200여 년 전부터 이미 기독교가 전파되어 있었다. 반면, 접근성이 떨어지는 숲이나 해안 지역은 토속 신앙이 지배적이었다. 참고로 보니파키우스^{Bonifacius}(672~754년경)의 본명은 윈프리드^{Winfried}로, 영국 웨섹스^{Wessex}의 귀족이었는데, 프랑크 왕국의 국왕이 동부 지역에 거주하는 야만 부족들을 보다 쉽게 다스리기 위해 보니파키우스에게 선교 활동을 위탁한 것이었다. 보니파키우스는 물론 그 명을 성심껏 받들었지만, 왕국 내 모든 지역이 기독교로 개종되지는 않았다. 바덴뷔르템베르크와 바이에른, 마인^{Main} 강 유역 등의 주민들은 기독교를 기꺼이 받아들였지만, 튀링겐과 헤센의 주민들은 일부만 기독교로 개종했을 뿐이고, 보니파키우스가 살해된 프리슬란트나 작센에서는 그가 세상을 떠난 뒤에도 최소 100년 동안 게르만계 신들을 섬기는 문화가 만연했다.

카를 대제와 대관식

711년, 아라비아의 우마이야^{Umayya} 왕조는 스페인을 정복한
후 프랑스 남부 지방까지 진출하려 했다. 하지만 732년, 카를 대
제의 할아버지인 카를 마르텔$^{Karl\ Martell}$(689~741년경)의 군대가
투르푸아티에$^{Tours-Poitiers}$ 전투에서 아라비아인들을 격퇴했고,
이로써 이슬람교도들의 서유럽 진출에도 제동이 걸렸다. 또한 우
마이야 왕조는 아바스$^{Abb-as}$ 왕조와 권력 다툼을 벌이느라 서유
럽을 정벌할 여력이 없었다. 즉 투르푸아티에 전투에서 카를 마
르텔이 승리하지 않았어도 아라비아인들이 유럽을 완전히 장악
하는 사태는 벌어지지 않았으리라는 뜻이다. 단, 프랑스 남부 지

역만큼은 카를 마르텔의 승리 덕분에 아라비아인들의 지배를 피할 수 있었다고 말할 수 있다.

카를 대제는 카롤링거 왕조의 제1대 국왕이었다?

카를 대제[Karl der Große](748~814년경)는 카롤링거[Carolinger] 왕조 제2대 국왕이다. 카롤링거 가문은 메로빙거 왕조의 뒤를 이어 프랑크 왕국을 통치했는데, 원래는 메로빙거 왕조 치하에서 궁재[宮宰][4] 직을 담당하던 가문이었다. 하지만 피핀 2세[Pippin II](635~714)[5]가 실권을 장악한 뒤부터는 카롤링거 가문이 사실상 왕권을 대행했다. 메로빙거 왕조의 마지막 왕들 중 몇몇은 현재 이름조차 남아 있지 않은데, 카롤링거 가문의 세력이 그만큼 강했기 때문이다. 한편, 카롤링거 가문 출신의 궁재들 중 국왕이라는 칭호를 최초로 취득한 이는 카를 대제의 아버지인 피핀 3세 [Pippin III](714~768)[6]였다. 750년, 피핀 3세는 교황에게 실권을 지닌 자가 공식적으로도 국왕의 자리에 올라야 마땅하다고 건의했고, 교황은 그 제안을 받아들였다. 이후 피핀 3세는 주교 보니파

---

4) 7~8세기 프랑크 왕국의 재상을 지칭하는 표현.
5) '중피핀(中, Pippin, Pippin der Mittlere)'이라 부르기도 함.
6) '소피핀(小, Pippin, Pippin der Jüngere)'이라 부르기도 함. 또 다른 별명은 '단신왕 피핀(Pippin der Kurze)'.

키우스에게 기름 부음을 받음으로써 프랑크 왕국의 제1대 국왕 자리에 등극했다.

소피핀은 키가 작았다?

프랑크 왕국 말기의 궁재들 중 '피핀'이라 불리는 인물은 세 명이었는데, 그중 맨 마지막이 바로 '소피핀Pippin der Jngere' 혹은 '단신왕 피핀Pippin der Kurze'이라는 별명을 지닌 피핀 3세이다. 그러나 단신왕 피핀은 별명과 달리 실제로는 기골이 장대했다. 그의 아들인 카를 대제 역시 신장이 190센티미터를 넘는 거구였다. 참고로 피핀 3세의 조부 별명은 '중피핀Pippin der Mittlere' 혹은 '헤리스탈의 피핀Pippin von Heristal'이었고, 고조부의 별칭은 '대피핀Pippin der Ältere '혹은 '란덴의 피핀Pippin von Landen'이었다.

카를 대제는 독일 제국의 황제였다?

카를 대제의 대관식은 서기 800년 성탄절에 교황 레오 3세Leo III(재위 795~816)의 집전하에 개최되었다. 로마 제국의 통치자이자 프랑크 왕국과 롬바르드 왕국의 국왕 자리에 오른 것이었다. 그런데 당시는 아직 독일 제국이 탄생하기 전이었다. 나아가 대관식 당시에는 '로마 제국'의 범위가 어디까지인지도 확실치 않았다. 로마 제국 전체였을 수도 있고 프랑크 왕국만 가리키는 말일 수도 있었다. 참고로 동로마 제국, 즉 비잔티움 제국의 황제는 그때까지도 자신이 로마 제국 전체의 국왕이라 믿고 있었다고 한다.

카를 마르텔은 아라비아인들하고만 전쟁을 치렀다?

카를 마르텔은 살아생전에 전쟁을 하지 않은 날보다 전쟁을 치른 날이 더 많았던 인물로, 아라비아인들은 카를 마르텔의 수많은 전쟁 상대 중 하나일 뿐이다. 프랑크 왕국의 동부, 즉 아우스트라시아^{Austrcasia}의 궁재로 있던 시절, 카를 마르텔은 왕국 내 나머지 지역인 네우스트리아^{Neustria}와 부르군트^{Burgund}를 침공했고, 나아가 프리슬란트와 작센, 알레마니아, 튀링겐 지방의 토착 부족들과도 전쟁을 치렀다.

카를 대제는 '독일 민족의 신성 로마 제국'의 통치자였다?

카를 대제는 '그냥 로마 제국'의 통치자였다. '신성^{Sacrum}'이라는 수식어는 프리드리히 1세$^{Friedrich\ I}$(1122~1190)[7]7) 때에 처음 등장했고, '독일 민족의$^{Nationis\ Germanicae}$'라는 수식구도 그

---

7) '붉은 수염왕 프리드리히(Friedrich Barbarossa)'라고 부르기도 함.

보다 더 늦은 1450년경부터 사용되었다. 참고로 그 당시 '제국 Imperium'이라는 말은 특정 영토에 한정된 말이 아니라 유럽 전체에 대한 지배권을 의미하는 단어였다. 즉 로마 제국의 지배 아래 있던 왕국들은 모두 다 제국의 속국으로 간주했던 것이다.

황제 임명권은 원래부터 교황에게 있었다?

레오 3세가 황제 임명권을 독단적으로 행사했을 뿐이다. 카를 대제가 미사 도중 대관식을 거행하려던 교황의 계획을 미리 알았을 수도 있지만, 그렇다 하더라도 교황의 계획을 무산시킬 수는 없었다. 대신 카를 대제는 813년, 제국 의회에서 공동 황제로 추대된 자신의 아들 루트비히^{Ludwig}(778~840)에게는 직접 황관을 씌워줬다. 교황권의 지배로부터 벗어나기 위한 행보였다. 한편, 루트비히는 '경건왕 루트비히^{Ludwig der Fromme}'로 불리기도 하는데, 그 별명이 괜히 붙은 것이 아니었다. 아헨에서 즉위식을 치른 루트비히는 그로부터 3년 뒤 교황 앞에서 다시 한 번 즉위식을 치렀고, 이를 계기로 교황이 황제를 임명하는 관례가 전통으로 굳어졌으며, 그 전통은 무려 16세기까지 이어졌다.

비두킨트와 롤란트

○ **카를 대제는 결혼식을 여덟 번이나 치렀다?**

카를 대제 주변에 여자가 많았던 것은 사실이다. 하지만 혼인
식을 치른 정식 아내는 '고작' 네 명밖에 없었다. 첫 번째 부인은
롬바르드의 국왕 데시데리우스^{Desiderius}(재위 757~774)의 딸로,
이름이 알려지지 않은 까닭에 지금은 통상 데시데라타^{Desiderata}
라 불린다. 그런데 데시데라타와 카를 대제 사이에는 자녀가 없
었고, 그 와중에 롬바르드와 프랑크 왕국과의 동맹도 파기되었다.
그러자 카를 대제는 데시데라타를 왕궁에서 내쫓은 뒤 힐데가르
트^{Hildegard}(758~783), 파스트라다^{Fastrada}(794년 사망), 루이트가르
트^{Luitgard}(800년 사망)와 차례로 결혼했다. 매번 사별하는 바람에
새로 신부를 맞이한 것이었다. 정식 아내 외에도 카를 대제에게

는 상당히 많은 여인들이 있었는데, 이름이 알려진 것은 다섯 명이다. 참고로 그 여인들은 단순한 내연녀였을 수도 있지만 이른바 사실혼 관계에 있는 아내들이었을 수도 있다고 한다.

독일에는 일부다처제가 존재하지 않았다?

독일에도 일명 '사실혼'이라는 제도가 존재했다. 사실혼은 두 남녀가 같이 살기로 결정한 뒤 동거에 돌입하는 것으로, 특별한 의식을 치를 필요도 없었고 남편이 부인이나 자식에 대해 부양의무를 지지도 않았다. 단, 사실혼 관계에서 태어난 자녀의 지위는 사생아와는 달랐다. 사실혼에서 태어난 자녀들에게는 유산 상속권이 주어진 것이다. 참고로 사실혼은 대개 낮은 계층의 여성과 일반 남성 사이에서 이루어졌는데, 개중에는 기혼남이면서 사실혼 관계를 유지하는 이들도 적지 않았다. 종교 지도자들은 9세기 들어 사실혼을 적법하지 않은 관계로 선포했다.

비두킨트는 작센의 공작이었다?

비두킨트Widukind(739~792년경)는 베스트팔렌 출신의 귀족으로, 프랑크 왕국에 대항해 777년부터 785년까지 봉기를 일으킨 인물이다. 그런데 비두킨트에게 작센 영토에 대한 통치권이 있었던 것은 아니다. 그럼에도 불구하고 '작센 공작'이라는 수식어가 붙은 이유는 작센 사람들이 비두킨트를 선봉장으로 추대했기 때문이다. 그 당시 비두킨트를 따른 이들은 대개 농민들이었다. 그 반대편에는 카를 대제를 섬기는 귀족들이 대치하고 있었다. 참고로 ('베르덴 사건'의 실재 여부가 확실히 밝혀진 것은 아니지만) 카를 대제의 명령에 따라 베르덴^{Verden}에서 참수당한 희생자들도 작센의 귀족들 때문에 목숨을 잃은 것이었다. 행방이 묘연한 비두킨트 대신 수천 명의 농민들을 카를 대제에게 '헌납'한 것이다. 한편, 비두킨트는 785년, 스스로 저항을 포기하고 기독교로 개종했다고 한다.

○ 카를 대제는 성직자 칭호도 수여받았다?

카를 대제가 가톨릭 성직자였는지 여부에 대해서는 논란이 많다. 1165년, 파스칼리스 3세$^{Paschalis\ III}$(본명은 귀도 디 크레마$^{Guido\ di\ Crema}$, 1168년 사망)로부터 성직자 칭호를 수여받기는 했지만, 파스칼리스 3세는 몇몇 추기경들에 의해 추대된 대립 교황일 뿐이었다. 당시 정식 교황이었던 알렉산데르 3세$^{Alexander\ III}$(본명은 롤란도 반디넬리$^{Rolando\ Bandinelli}$, 1105~1181년경)는 해당 수여식을 인정하지 않았다. 하지만 가톨릭 교단에서는 카를 대제의 성직자 자격을 인정했다고 한다.

🔔 론세스바예스에서 전사한 롤란트는 카를 대제의 조카였다?

여기에서 말하는 롤란트의 본명은 흐루오틀란트^{Hruotland}(778년 사망)이고, 흐루오틀란트는 브르타뉴 지방의 변경백邊境伯8)이었다. 흐루오틀란트가 카를 대제의 조카라는 얘기는 아마도 후세 문필가들이 지어낸 듯하다. 참고로 롤란트는 778년, 카를 대제와 함께 무어족 정벌에 나섰다가 스페인 북부 피레네 산맥의 론세스바예스에서 전사했다. 1100년경 작품으로 추정되는 대서사시 《롤란트의 노래^{Rolandslied}》는 이교도들에게 용감하게 맞서 싸운 롤란트의 무용담을 기리는 노래이다.

🔔 '롤란트 조각상'은 브레멘에만 있다?

가장 유명한 롤란트 조각상은 브레멘 광장에 있지만, 작센안할트 주를 비롯한 여러 지역에도 약 서른 개의 롤란트 동상이 설치되어 있으며 브레멘 시내만 해도 롤란트 입상이 하나 더 있다. 한편, 최초의 롤란트 조각상은 전설적 영웅 롤란트를 기리기 위한 목적으로 제작되었지만, 시간이 지나면서 검을 든 롤란트 동상이 자유와 독립의 상징으로 발전했고, 해당 동상이 설치된 도시들은

---

8) 중세 시절, 타국과의 접경 지대 영주를 가리키는 칭호. 국경 지대를 통치한다는 이유로 일반 영주들보다 더 많은 자치권과 군사권을 가지고 있었음.

상업권과 법률권을 자체적으로 행사할 수 있었다고 한다.

카를 대제가 작센인 4500명을 처형했다?

772년, 카를 대제는 프랑크 왕국에서 노략질을 일삼던 작센의 이교도들을 토벌하기로 결심했다. 그 과정에서 782년, 카를 대제의 명에 따라 베르덴에서 4500명이 처형당했다고 한다. 하지만 오늘날의 학자들은 희생자들의 수가 심하게 부풀려졌거나 오타였을 가능성을 의심하고 있다. 즉 작센인들이 처형된decollati 것이 아니라 이주한delocati 것일 수도 있다는 것이다.

봉건제와 농노

🌱 중세 시대 독일의 수도는 아헨이었다?

독일 최초의 수도는 프랑크푸르트였다. 1815년에 독일 연방
Deutscher Bund이 결성되면서 프랑크푸르트가 수도로 지정된 것으
로, 중세 시절에는 황제가 여러 개의 궁전들을 오가며 나라를 통
치했기 때문에 수도가 아예 없었다. 한편, 독일 국왕의 즉위식은
16세기까지 아헨에서 거행되었고, 선출식은 프랑크푸르트에서
이뤄졌다. 참고로 그 당시 쾰른도 최대 도시이자 학문과 종교의
중심지라는 점에서 주요 도시로 간주되었다. 또한 레겐스부르크
도 제국 상설 의회의 소재지로서 중대한 의미를 지니고 있었다.
이후 합스부르크 왕가는 빈Wien에 자리를 잡았지만, 빈을 제국의
수도로 지정하지는 않았다.

프랑크 왕국은 단 한 번 분할되었다?

프랑크 왕국은 여러 번 분할되었다. 우선 843년, '경건왕 루트비히Ludwig der Fromme'의 세 아들이 베르 조약Treaty of Verdun을 맺으면서 왕국이 세 개로 나뉘었다. 맏아들 로타르 1세Lothar I(795~855)는 중프랑크를, 둘째 아들 '독일왕 루트비히Ludwig der Deutsche'(806~876년경)는 동프랑크를, 막내 '대머리왕 카를Karl der Kahle'(823~877)은 서프랑크를 지배하기로 합의한 것이다. 하지만 로타르 1세가 죽으면서 중프랑크 왕국은 다시 세 개로 분할되었다. 그러다 카를 3세Karl III(839~888)[9]의 재위 시절 일시적으로 재통일되었다가 이후 또다시 분열되었다.

봉건제는 중세에 시작된 제도이다?

그 이전에도 봉건제와 매우 유사한 제도들이 존재했다. 기원전 1050년경에 건국된 중국의 주周나라도 귀족들에게 토지를 나누어주었고, 귀족들은 농노들을 시켜 그 땅에 농사를 지었다. 나아가 주나라의 영주들은 외세의 침범에 대비해 군사력도 강화했는데, 나중에는 영주의 부대가 국왕의 부대보다 더 커졌고, 그러면서 주나라도 결국 멸망하고 말았다.

---

9) '비만왕/뚱보왕Karl der Dicke'이라 부르기도 함.

🌱 자유농이 농노보다 살기가 좋았다?

중세 초기, 자신들의 토지를 자발적으로 헌납하고 농노가 되겠다는 자유농이 너무 많아서 사회적 문제가 될 정도였다. 자유농에게는 병역의 의무가 부과되고 전쟁에서 사용할 무기도 자비로 조달해야 했기 때문이었다. 그 시절에는 전쟁이 끊임없이 진행되었는데, 전쟁에 나가 싸우는 동안에는 당연히 농사도 지을 수 없었다. 반면 농노들은 주인에게 노역과 부역, 공납의 의무를 지니고 있었지만, 그 대신 영주로부터 안전을 보장받았다.

🌱 독일 땅에는 노예 제도가 없었다?

게르만족에게도 노예를 사고파는 풍습이 있었다. 프랑크 왕국에 노예 제도가 존재했다는 사료도 존재한다. 단, 교회가 기독교인들을 노예로 삼는 행위에 대해 금지령을 내린 이후부터는 서서히 농노가 노예를 대체하게 된다. 그러한 농노나 노예에게 주어지는 자유의 정도는 대개 주인의 성향에 따라 결정되었다. 참고로 노예를 사고파는 행위를 가장 많이 한 민족은 바이킹족이었다. 심지어 바이킹족은 납치도 서슴지 않았다. 이 당시 최대의 '노예 거래소'는 프라하였다고 한다.

슈페사르트 숲은 인적이 드물었던 덕분에 파괴되지 않았다?

11세기 중반, 말이나 소를 이용해 논밭을 가는 농기구들이 개발되면서 농업 방식이 혁명적으로 전환되었고, 이에 따라 경작지 확보를 위한 난개발이 자행되었다. 그럼에도 슈페사르트^{Spessart}나 하르츠^{Harz}, 졸링^{Solling} 같은 숲들은 경작지로 전환되지 않았는데, 인적이 드물어서가 아니라 귀족들이 사냥터로 활용했기 때문이다.

결투를 신청하려면 장갑을 벗어 던져야 했다?

중세 기사들 사이에서 결투를 신청한다는 의미로 쇠장갑을 벗어 자신의 발 앞에 던지는 행위가 유행하기는 했지만, 반드시 그런 절차를 밟아야만 결투를 신청할 수 있는 것은 아니었다. 결투일로부터 최소한 사흘 전에 결투 신청서를 보내기만 하면 정식 결투가 개최되었다. 결투 신청 자격도 그리 엄격하지 않았다. 자신의 권리를 침해당했다고 느끼면 누구나 결투를 신청할 수 있었다. 하지만 13세기 들어 결투가 너무 자주 개최되고 희생자가 늘어나자 통치자들은 평화령을 선포하기 시작했다. 대표적인 것이 1495년에 선포된 '영구적 란트 평화령^{Ewiger Landfrieden}'이었다. 그 뒤, 18세기에 들어와 호전적 귀족들 사이에서 다시금 비단 장갑을 상대방의 얼굴에 벗어 던지며 결투를 신청하는 풍습이 생겨났다고 한다.

오토 대제와 세상의 종말

카를 대제가 즉위식 때 받은 황관은 독일 제국의 황관이었다?

팔각형의 '독일 제국 황관Reichskrone'은 신성 로마 제국의 황제에게 수여하는 관이었다. 카를 대제도 대관식 때 이 황관을 머리에 썼다는 말이 있지만, 확실한 것은 아니다. 참고로 '신의 은총을 받은 로마의 황제 콘라트Chonradus dei gratia Romanorum imperator augustus'라는 글귀가 새겨져 있어 그 황관이 콘라트 2세Konrad II(990~1039)의 명에 의해 제작되었다고 주장하는 이들도 많지만, 이 역시 증명되지 않았다. 오늘날의 예술사가들은 그 황관이 10세기 후반에 제작되었고, 최초로 쓴 사람은 오토 대제Otto der Große(912~973)였을 것이라 추정하고 있다. 한편, 오토 대제는 962년 교황으로부터 황관을 수여받았는데, 그 몇 년 전부터 옷장

깊은 곳에 황관을 보관해왔다고 한다.

독일 제국의 황제는 자동으로 이탈리아의 왕이 되었다?

오토 대제 때부터 독일의 황제들은 자신만이 로마 제국의 유일한 합법적 계승자이고, 이에 따라 독일의 황제가 이탈리아에 대해서도 통치권을 지닌다고 믿었다. 하지만 이탈리아인들의 생각은 달랐다. 까다로운 절차를 거쳐야 비로소 이탈리아의 국왕이 될 수 있고, 국왕이 된다 하더라도 실제로 권력을 행사하기는 힘들었으며, 공납을 요구할 수도 없었던 것이다. 그런가 하면 이탈리아 국왕이 따로 있었던 적도 적지 않다. 대표적인 인물은 '이브레아의 아르두인Arduin of Ivrea'이다.

독일 제국과 이웃 나라들은 종교적 문제 때문에 전쟁을 치러야 했다?

작센족이나 바이킹족, 슬라브족, 헝가리족, 아바르족Avar 등은 걸핏하면 타 부족의 영토에 쳐들어가 노략질을 일삼았다. 그러자 독일 황제는 말썽 많은 이웃 국가들을 복속시키려 했고, 그러면서 피비린내 나는 전쟁이 시작되었다. 즉 독일이 종교적 이유 때문에 주변 국가들을 침략한 게 아니었다. 기독교 전파는 오히려 그 이후에 이루어졌다. 이미 점령한 영토에 평화를 전파하기 위해 선교 활동을 하기 시작한 것이었다.

독일 제국은 오데르 강 유역을 손쉽게 차지했다?

오데르Oder 강 유역은 여러 나라의 국경이 맞닿은 접경 지대이다. 그런 만큼 해당 지역을 차지하기 위해서는 피나는 전투를 벌여야 했으며 그 지역에 살고 있던 슬라브족만 정복한다 해서 문제가 해결될 일은 결코 아니었다. 게다가 11세기에는 폴란드와 헝가리 그리고 크로아티아까지 슬라브족 정복에 뛰어들었다. 참고로 엘베Elbe 강과 오데르 강을 잇는 지역은 독일과 폴란드 사이에 가장 치열한 전투가 벌어진 곳이었다고 한다.

오토 3세는 독일보다 이웃 나라들을 더 중시했다?

서기 1000년 겨울, 혈기왕성한 젊은 왕 오토 3세Otto III(980~1002)는 폴란드 영토였던 그니에즈노Gniezno를 정복한 뒤 그곳에 주교청을 설치했다. 이로써 오토 3세는 폴란드 교회를 제국 교회로부터 독립시키고, 조공 상납의 의무도 면제시켜주었다. 헝가리에 대해서도 그와 비슷한 정책을 펼쳐 후세 사학가들은 오토 3세가 독일의 이익은 돌보지 않은 채 이웃 나라들에만 좋은 일을 했다고 비판했다. 하지만 최근에 와서는 다른 견해들이 대두되었다. 절대적 지배권을 주장하기보다 평화적 동맹을 맺는 편이 자국에 더 큰 이익을 가져다줄 수도 있다는 사실을 깨달은 것이다.

⚜ 중세 사람들은 서기 1000년에 세상이 멸망할 것이라 믿었다?

지구 종말론은 중세 내내 이어져왔다. 하지만 많은 이들이 특정 연도, 즉 999년에서 1000년으로 넘어가는 시점에 지구가 멸망할 것이라 믿었다는 기록은 아직 발견되지 않았다. 1000이라는 숫자가 요한 계시록에 등장한다는 이유 때문에 이러한 오해가 생긴 것으로 추정되는데, 그렇다 하더라도 기준 연도는 예수 탄생 시점이 아니라 예수 사망 시점이 되어야 한다. 게다가 그 당시에는 '서기AD, Anno Domini'라는 연도 표기 방식도 널리 퍼져 있지 않았다. 사실 백성들 대부분은 날짜를 확인할 달력조차 갖고 있지 않았다.

⚜ 중세 사람들은 현대인들보다 몸집이 작고 수명이 짧았다?

중세 사람이라 해서 모두 다 현대인들보다 몸집이 작고 수명이 짧았던 것은 아니다. 먹을 것이 풍부했던 귀족들의 몸집은 현대인들과 거의 비슷했고, 노동의 의무를 질 필요가 전혀 없었던 교황들 중에는 90세까지 산 사람들도 있었다. 하지만 먹을 것이 부족하거나 힘든 노동을 해야 했던 농민들의 평균 신장은 당시 귀족들보다 15센티미터 정도 작았다. 한편, 당시 사람들의 평균 수명은 30세로 알려져 있지만, 유아 사망률이 꽤 높았다는 점을 감안해야 한다. 나아가 당시 여성들의 평균 수명도 현대 여성들보다 훨씬 낮았을 것으로 추측된다. 잦은 임신과 출산 그리고 힘든 노동 때문에 수명이 단축될 수밖에 없었던 것이다.

초야권과 철의 여인

중세에는 고문이 빈번하게 자행되었다?

　12세기 중반까지만 해도 중부 유럽에서는 사형이나 고문이 그다지 자주 이루어지지 않았다. 범죄를 저지른 자는 대개 벌금형에 처했고, 법적 근거가 불확실한 범죄에 대해서는 '신명 재판trial by ordeal'(=시련 재판)을 실시했다. 그런데 시련 재판이나 벌금형만으로는 범죄를 효과적으로 예방할 수 없었다. 이에 따라 좀 더 끔찍한 처벌이나 재판 시 신체에 고통을 가하는 방식의 심문이 도입되었다. 하지만 고문할 때에도 영구적인 상처를 남겨서는 안 되었고, 고문에도 불구하고 자백하지 않은 이들은 무죄로 방면했다.

봉건 영주가 이제 막 결혼한 봉신封臣의 신부에 대해 초야권初夜權, ius primae noctis을 행사했다는 이야기는 중세 암흑기를 논할 때면 빠지지 않고 등장한다. 그러나 실제로 그런 악습이 존재했다는 증거는 어디에도 남아 있지 않다. 물론 그 당시, 자신이 부리는 여인들을 잠자리 상대로 취한 봉건 영주들이 적지는 않다. 하지만 초야권을 제도화하기에는 교회가 정한 성적 윤리가 너무 엄격했다. 그런데도 많은 이야기 속에 초야권이 등장하는 이유는 해당 영주의 독단적 횡포를 고발하기 위해서였다. 모차르트의 오페라 〈피가로의 결혼〉에도 초야권을 행사하려는 백작에 관한 이야기가 나오는데, 〈피가로의 결혼〉 대본 역시 프랑스 혁명 직후에 탄생한 것이라고 한다.

하인리히 2세와 쿠니군데 왕비는 평생 순결을 유지했다?

하인리히 2세Heinrich II(973~1024)가 어쩌다 교황으로부터 성직자 칭호를 하사받았는지는 알 수 없다. 신앙심이 독실했던 것은 사실이지만, 그렇다고 세속 정치를 나 몰라라 한 것은 아니었다. 교회의 지나친 수입을 삭감하는가 하면 기독교 국가인 폴란드에 대항하기 위해 이교도인 슬라브족과 동맹을 맺기도 했다. 그런데 1146년, 하인리히 2세가 성직자 칭호를 하사받을 당시, 백성들 사이에서 하인리히 2세와 왕비 쿠니군데 Kunigunde(980~1033)가 순결을 유지하고 있다는 소문이 돌았다. 하인리히 황제가 자녀를 낳지 않겠다고 선언했기 때문이었을 것으로 추정되는데, 사실 그 발표는 결혼한 지 7년 뒤에야 나온 것이었다. 쿠니군데 왕비가 순결한 여인이었다는 기록도 존재하지 않는다. 쿠니군데는 남편의 성실한 조력자이자 조언자 정도로 알려져 있을 뿐이다.

 철의 여인은 원래부터 죄인을 처형하는 도구였다?

'철의 여인iron maiden'은 중세의 대표적 고문 기구로, 철침들로 몸을 찔러 죄인을 서서히 죽음에 이르게 만드는 도구로 알려져 있다. 하지만 철의 여인으로 죄인을 처형하는 방식은 19세기에 처음 등장했으며, 그 이전인 중세에는 철의 여인이 '치욕적 외투'로만 활용되었다. 즉 죄인을 그 안에 가둔 뒤 사람들 앞에 세워놓고 모욕을 준 것이다.

 베네치아 공화국 최고의 권력은 늘 총독이 차지했다?

베네치아의 총독doge은 원래 동로마 제국 황제의 대리인에 불과했다. 하지만 9세기 무렵부터 독자적으로 통치권을 행사하기 시작했고, 12세기 중반 무렵에는 총독의 권리가 최고조에 달했다. 그러나 이후 오르세올로^{Orseolo} 가문이 총독 자리를 세습제로 전환하려다 실패했고, 그 과정에서 대평의회$^{Maggior\ Consiglio}$가 조직되었다. 이후 대평의회는 베네치아 공화국의 최고 국가 기관으로 발전했고, 총독은 이름뿐인 꼭두각시로 전락하고 말았다.

 ## 마르코 폴로가 중국에도 다녀갔다?

마르코 폴로$^{Marco\ Polo}$(1254~1324) 본인은 그렇게 주장하지만 그 말을 곧이곧대로 믿기에는 무리가 있다. 마르코 폴로가 묘사한 중국의 모습이 너무나도 불명확하기 때문이다. 때문에 많은 이들이 마르코 폴로가 쿠빌라이 칸$^{Khubilai\ Khan}$(1215~1295) 시절 몽골 제국의 수도였던 카라코룸^{Karakorum}까지만 다녀갔을 것으로 추정하고 있다. 당시에는 해당 지역이 중국의 영토였고, 그런 만큼 중국에 대한 소식도 쉽게 접할 수 있었을 테니 말이다. 그런가 하면 마르코 폴로가 콘스탄티노플까지밖에 못 갔을 것이라 주장하는 학자도 있다.

기사와 붉은 수염왕

🦁 토너먼트는 중세 내내 이어진 전통이다?

토너먼트tournament는 원래 중세 기사들 사이에 치러진 정식 무예 대결을 가리키는 말이었다. 그런데 기사들이 중세 전체를 통틀어 무예 시합을 즐긴 것은 아니었다. 중세 중기에만 성행하다가 그 이후에는 시들해졌다. 1250년을 전후해 기사들의 지위가 하락하면서 토너먼트도 흥미로운 구경거리 정도로 변질된 것이다. 기록에 따르면 독일 최초의 토너먼트는 1127년 뷔르츠부르크에서 개최되었다고 한다. 오늘날 많은 이들이 중세라는 말을 들으면 떠올리는 것들, 즉 기사의 갑옷이나 투구, 총안銃眼과 도개교跳開橋를 갖춘 성채, 큰 목소리로 흥정이 오가는 시장의 모습 등은 모두 12세기에 와서야 등장한 것이라고 한다.

심지어 하인들도 기사가 될 수 있었다. 제후들은 특별히 부지런하거나 큰 공을 세운 하인들에게 이른바 '가신家臣'이라는 칭호를 부여했고, 가신으로 임명된 하인들은 권력과 부를 쌓을 수 있었다. 11세기 무렵부터는 가신 출신의 기사와 몰락한 귀족 출신의 기사가 하나의 계층으로 통합되었고, 1200년경부터는 기사 가문 출신에게만 기사 작위를 수여했다. 즉 '외부인'은 더 이상 기사 계급을 취득할 수 없게 된 것이었다.

프리드리히 1세에게 '붉은 수염왕Barbarossa'이라는 별명을 붙여 준 것은 이탈리아인들이었다. 그러나 이탈리아에서 프리드리히 1세는 인기는 고사하고 원망의 대상이었다. 당시 전임자들의 실정으로 인해 독일 황제의 지위는 떨어질 대로 떨어져 있었고, 국고도 바닥이 난 상태였다. 프리드리히 1세는 롬바르드의 부유한 도시 국가들이 부족한 국고를 메워주기를 바랐지만 롬바르드 도시 국가들은 조공을 바칠 생각이 아예 없었다. 그러자 프리드리히 1세는 1154년부터 1177년 사이에 다섯 번이나 이탈리아를 정벌했다. 하지만 전쟁은 프리드리히 1세에게 악명만 남긴 채

양측 모두에게 큰 손실을 입혔다. 그러나 독일 내에서는 프리드리히 1세의 인기가 실제로 꽤 높았다고 한다.

 ## 작센 공국과 작센 선제후국은 같은 나라이다?

작센 공국^{Herzogtum Sachsen}의 영토는 대략 지금의 니더작센 주와 일치한다. 그런데 프리드리히 1세는 사자공 하인리히^{Heinrich der Löwe}(1129~1195)가 일으킨 반란을 진압한 뒤 작센 공국을 분할했다. 베스트팔렌 지역은 쾰른의 대주교에게, 브라운슈바이크-뤼네부르크 지역은 3년간의 유배 생활을 마치고 '현업'에 복귀한 사자공 하인리히에게, 엘베 강 유역의 동부 지역은 안할트의 베른하르트^{Bernhard von Anhalt}(1140~1212)에게 분배한 것이었다. 작센 선제후국^{Kurfürstentum Sachsen}은 베른하르트가 통치하던 지역이 공국에서 선제후국으로 격상된 것이었다. 하지만 1423년에 베른하르트 가문은 대가 끊기고 말았다. 그러자 지기스문트^{Sigismund}(1368~1437) 황제는 베른하르트 가문 소유의 영지를 마이센^{Meißen}의 변경백들에게 넘겨주었다. 그런데 변경백보다 선제후의 지위가 더 높았기 때문에 마이센의 변경백들은 이후에도 그 땅을 여전히 작센 선제후국이라 불렀다.

십자군은 기사들로만 조직되었다?

1096년 제1차 십자군 원정 당시 프랑스와 노르만 출신의 기사들과 함께 군중 십자군^{People's Crusaders}도 십자군 원정에 참가했다. 군중 십자군은 프랑스 남부 지역과 라인란트/플랑드르 지방에서 대중들로 조직된 군대였다. 당시 두 지역 모두 극심한 기근에 시달리고 있었는데, 군중 십자군은 팔레스타인으로 진격하는 과정에서 라인 강과 독일 남부 지방의 수많은 도시들을 약탈했고 셀 수 없이 많은 유대인들을 학살했다. 하지만 그들은 예루살렘에는 도달하지도 못한 채 투르크인들에게 체포되어 노예로 팔려가고 말았다.

유대인 대학살은 기독교인들에게 고리대금업을 금지하는 바람에 일어난 것이다?

고리대금업 금지령은 1179년과 1215년에 선포되었고, 유대인 대학살은 그 이전부터 자행되었다. 즉 중세에 일어난 유대인 대학살의 원인이 고리대금업 금지령이라고 할 수 없는 것이다. 사실 종교적 갈등은 유럽인과 중동인 사이에 벌어진 다양한 갈등의 일부에 불과했다. 참고로 가톨릭교도와 유대교도 사이의 갈등이 대두된 이후 유대인들은 이슬람교도와 동맹을 맺었고, 이슬람교도들의 주거 지역도 자유롭게 왕래할 수 있었다고 한다. 최초의 유대인 대학살은 제1차 십자군 원정 당시인 1096년에 발생했는데 이 제1차 십자군 원정은 교황의 교묘한 선동으로 일어난 것이었다. 즉 이교도인 이슬람교도로부터 성지 예루살렘을 탈환해야 한다는 교황의 선동에 따라 군중 십자군이 봉기를 일으킨 것이었다.

프리드리히 2세는 종교 문제에 상당히 너그러웠다?

프리드리히 2세Friedrich II(1194~1250)가 개방적 사상의 소유자였고 이교도에 대해 크게 반감을 지니지 않았던 것은 사실이다. 이슬람교도를 호위병으로 고용하는가 하면 유대인들에게 유아 제사를 지낸다는 누명을 씌우지 말 것을 명령할 정도였다. 하지만 그렇다고 프리드리히 2세가 종교 문제에 너그러웠다고 할 수는 없다. 1224년, 이단적 행위가 곧 황제를 모욕하는 행위와 동일하며 이에 따라 이단 행위자들을 사형에 처한다는 칙령까지 발표했기 때문이다.

하인리히와 한자 동맹

한자 동맹Hanseatic League은 본디 도시들이 아니라 상인들로 조직된 동맹이었다. 독일 상인 조합이 독일 이외의 다른 곳에 재외 상관商館을 설치하면서 해상 교통의 안전을 확보하기 위해 발족한 것이었다. 참고로 최초의 해외 상관은 1157년 런던에 설치된 것이라고 한다. 한편, 사자공 하인리히도 재외 상관 설치를 적극적으로 후원했다. 고틀란드Gottland 섬의 상인들이 작센에서 특권을 누릴 수 있게 해주는 대신 작센의 상인들도 해당 지역에서 똑같은 특권을 누릴 수 있게 주선한 것도 하인리히였다. 나아가 1159년, 하인리히가 뤼베크Lübeck를 재건하면서 한자 동맹은 더더욱 굳건한 조직으로 발전되었고, 나중에는 도시 간 연합으로 확대되었다.

한자 도시들은 모두 항구 도시들이다?

'도시 간 한자 동맹Städtehanse'은 1356년, 뤼베크를 비롯한 수
많은 상업 도시들이 모여 결성된 자유로운 동맹이었다. 회원 도
시는 200여 개에 달했는데, 그중 '핵심 멤버'는 70개 정도였다.
그런데 한자 동맹 도시들에는 북해Nordsee와 동해Ostsee에 인접한
항구 도시들 외에 내륙에 위치한 상업 도시들도 포함되어 있었다.

붉은 수염왕이 함부르크를 '자유 한자 도시'로 지정했다?

1189년 5월 7일, 붉은 수염왕 프리드리히 1세가 함부르크에
'자유 한자 도시Freie und Hanse-Stadt'라는 명칭과 그에 따른 특
권을 부여했다는 증서가 존재하는 것은 사실이지만, 그 문서는
1265년경에 위조된 것으로 추정된다. 이와 관련해 학자들은 당
시 함부르크 시 당국이 붉은 수염왕에게 십자군 원정에 나서기
전에 함부르크를 자유 한자 도시로 지정해달라고 청원하려 하다
가 실패로 돌아가자, 이후 스스로 자유 한자 도시로 선언한 것이
라 추측하고 있다.

독일의 변경백들이 슬라브족을 추방했다?

접경 지대를 통치하던 변경백들은 누군가를 추방할 생각이 전혀 없었다. 그 땅들을 개간하려면 오히려 노동력이 더 필요한 상황이었다. 사자공 하인리히, 발렌슈테트의 변경백 알브레히트^{Albrecht} von Ballenstedt(1100~1170), 베틴의 변경백 콘라트^{Konrad von Wettin} (1088~ 1157) 등은 독일인들을 슬라브인들의 거주지로 이주시키기까지 했다. 참고로 슬라브인에게 기독교를 강요한 이는 사자공 하인리히뿐이었다. 그가 강제로 개종시켰다는 점에서는 비난받아 마땅하지만, 덕분에 홀슈타인^{Holstein}과 메클렌부르크^{Mecklenburg} 지역이 좀 더 빨리 단일 부족 사회로 발전했다는 장점도 있다.

독일 기사단은 슬라브족을 가장 많이 탄압했다?

'튜턴 기사단^{Teutonic Order}'으로도 불리는 독일 기사단 때문에 가장 큰 고통을 받은 이들은 발트 해 연안 국가들이었다. 마조비아^{Mazovia} 공국의 콘라트 공작의 요청에 따라 해당 지역을 토벌하는 과정에서 주민들에게 개종을 강요하고 나아가 해당 지역에 대한 강력한 지배권도 확보한 것이었다. 하지만 리투아니아인들에게 기독교를 강요한 바람에 독일 기사단은 리투아니아-폴란드 연합군과 전쟁을 벌여야 했고, 전쟁에서 패한 결과 서프로이센 지역을 폴란드에 내주어야 했다.

사자공 하인리히는 거구였다?

사자공 하인리히는 160센티미터를 겨우 넘는 키에, 날렵한 맹수와는 거리가 먼 땅딸막한 체형이었다. 반면 하인리히의 두 번째 아내는 신장이 190센티미터에 달하는 거구였다고 한다. 전쟁터에서도 하인리히는 사자와는 거리가 멀었다. 용감무쌍한 전사보다는 냉철한 상인에 더 가까웠던 것이다. 그런데도 '사자공'이라는 별명이 붙은 이유는 아마 사자공 하인리히를 배출한 벨펜Welfen 가문이 오래전부터 사자 문장紋章을 사용해왔기 때문인 것으로 추정된다. 사자공 하인리히는 자신만이 유일한 사자이자 진정한 사자임을 입증이라도 하려는 듯 브라운슈바이크의 당크바르데로데 성Burg Dankwarderode 앞에 거대한 청동 사자상을 세웠다.

독일 땅에서 권력을 쥐었던 슬라브인은 단 한 명도 없었다?

사자공 하인리히는 1164년, 독일 땅인 메클렌부르크에 살고 있던 슬라브계 오보트리트족Obotriten을 정복했다. 이후 정복 당시의 수장이었던 니클로트Niklot(재위 1131~1164)의 아들 프리비슬라프Pribislaw(재위 1164~1178)를 봉신으로 삼았고, 그 후손들이 1918년 왕조가 멸망할 때까지 메클렌부르크 지역을 통치했다.

합스부르크 가문과 백년전쟁

'대공위 시대^{大空位時代, Interregnum}'란 프리드리히 2세가 사망한 1250년부터(혹은 콘라트 4세가 사망한 1254년부터) 1273년 합스부르크 가문의 루돌프가 즉위하기까지의 기간을 가리킨다. 그 기간 동안에도 독일 제국에는 황제가 존재했다. 하지만 모두가 소수에 의해 선출된 지도자들이었다. 그 당시 추대된 첫 번째 황제는 네덜란드의 백작 빌헬름^{Wilhelm of Holland}(1227~1256)이었다. 이후 일부 제후들은 콘월의 리처드^{Richard of Cornwall}(1209~1272)를 왕으로 추대했고, 또 다른 제후들은 카스티야 왕국의 알폰소 왕^{Alfons of Castilla}(1221~1284)을 옹립했다. 하지만 리처드 왕은 단 네 번만, 그것도 매번 아주 잠깐 독일을 다녀갔을 뿐이고, 알폰소 왕은 아예 독일 땅을 밟지도 않았다. 한편, 대공위 시대를 '제위가 비어 있는 끔찍한 시대the terrible time without an emperor'라 부르기도 하는데, 그 시기가 끔찍했던 까닭은 황제가 없어서가 아니라 통치자들이 국정을 제대로 살피지 않았기 때문이었다.

🏵 선제후들이 독일 국왕을 선출했다?

13세기 중반까지는 독일 국왕의 선출 방식에 대해 정해진 규정이 없었다. 초반에는 공작들만 국왕을 선출할 수 있었지만 나중에는 선제후들도 국왕 선출에 참여했다. 하지만 유권자들 모두가 투표에 참가한 것은 아니었다. 이에 따라 국왕은 선출된 이후에도 투표권을 행사하지 않은 유권자들의 동의를 얻거나 해당 제후들의 영토를 무력으로 복속시켜야 했다. 그런가 하면 대공위 시대에 교회의 권력을 등에 업고 국왕 선출권을 따낸 제후들도 있었다. 국왕의 선출 방식은 1356년에 와서야 명문화되었는데, 카를 4세Karl IV(1316~1378)가 '금인 칙서金印勅書, Goldene Bulle'를 발표하면서 독일 국왕의 선거 방식이 확정된 것이다.

중부 유럽에 사상 최대의 인구 감소를 몰고 온 것은 흑사병
이었다?

삼십년전쟁(1618~1648)이 흑사병^{pest}보다 더 끔찍했다. 1347
~1352년, 페스트로 인해 목숨을 잃은 이가 유럽 인구의 3분의 1
에 해당된다고 하는데, 삼십년전쟁 기간 동안에는 그보다 더 많
은 이들이 희생되었다. 하지만 전쟁의 직접적인 피해로 사망한
이들은 많지 않았고, 대부분 기근이나 역병 혹은 용병들의 습격
으로 목숨을 잃었다.

 백년전쟁은 정확히 100년 동안 지속되었다?

프랑스와 영국은 정확히 116년 동안 전쟁을 치렀다. 시작은
1337년, 영국 왕 에드워드 3세^{Edward III}(1312~1377)가 자신이
프랑스의 왕위 계승권자임을 주장하면서부터였다. 프랑스 왕 샤
를 4세^{Charles IV}(1294~1328)가 후계자 없이 사망하자 샤를 4세의
조카인 자신이 프랑스의 왕이 되어야 한다고 주장한 것이었다.
하지만 프랑스는 샤를 4세의 사촌인 발루아 가문의 필리프 6세
^{Philippe VI de Valois}(1293~1350)를 국왕으로 추대했다. 그렇게 촉
발된 전쟁은 1453년, 카스티용^{Castillon} 전투를 끝으로 드디어 마
침표를 찍었다. 전쟁 결과, 영국은 프랑스의 왕좌를 포기했음은
물론 칼레^{Calais}를 제외한 프랑스 내 모든 점령지도 넘겨주어야

했다.

 병사들 중 기사들의 전투력이 가장 막강했다?

갑옷으로 중무장한 기사들의 전투력이 얼마나 보잘것없었는지는 백년전쟁 초반에 이미 만천하에 드러났다. 1346년의 크레시Crécy 전투와 1356년의 모페르튀이Maupertuis 전투에서 프랑스 기사단이 영국군에 참패를 당하고 만 것이다. 영국군은 비록 수적으로는 한참이나 열세에 놓여 있었지만 뛰어난 장궁병長弓兵을 보유한 덕분에 대승을 거둘 수 있었다. 그런 까닭에 프랑스의 국왕 샤를 5세Charles V(1337~1380)는 기사들만이 진정한 전사라는 고정 관념을 버릴 수밖에 없었다.

 잔 다르크는 가난한 양치기 소녀였다?

잔 다르크Jeanne d'Arc(1412~1431)는 프랑스의 작은 마을 동레미Domremy에서 부농의 딸로 태어났다. 잔 다르크의 아버지는 동레미의 시장市長이기도 했다. 한편, 동레미가 로트링겐Lothringen10) 지방에 속해 있다는 이유로 잔 다르크의 국적이 프랑스가 아니라

---

10) 프랑스어로는 '로렌(Lorraine)'.

는 주장도 간혹 제기되는데, 사실이 아니다. 동레미가 독일령 로트링겐이 아니라 프랑스령 로렌에 속해 있기 때문이다.

 ### 선제후는 늘 일곱 명이었다?

중세 말기 즈음해서는 선제후가 여섯 명뿐이었다. 그 여섯 명은 쾰른과 마인츠, 그리고 트리어^{Trier}의 대주교 세 명, 작센의 공작 한 명, 브란덴부르크의 변경백 한 명, 궁정백宮廷伯 한 명으로 구성되었다. 그러나 얼마 지나지 않아 보헤미아의 왕이 선제후 대열에 합류하면서 선제후의 수가 여섯 명에서 일곱 명으로 늘어났다. 이후에도 선제후가 되고 싶어 하는 제후들이 점점 더 많아졌다. 비싼 값에 국왕 선출권을 팔 수도 있었고, 무엇보다 일반 제후들보다 신분이 훨씬 더 높기 때문이었다. 그 결과, 17세기 들어 브라운슈바이크-뤼네부르크의 공작과 바이에른 공작도 선제후가 되었고, 1803년에는 잘츠부르크, 뷔르템베르크, 바덴, 헤센카셀의 공작도 선제후 대열에 합류했다. 그러나 마지막에 합류한 네 명에게는 황제를 선출할 기회조차 주어지지 않았다. 국왕 선출단에 합류한 지 3년 만에 왕국이 분열된 것이다.

정략결혼과 종교전쟁

합스부르크 가문이 왕가로 변신한 배경에는 정략결혼도 있었지만, 문서 위조 사건이 더 큰 기여를 했을 수도 있다. 합스부르크 가문 출신의 루돌프 4세$^{Rudolf\ IV}$(1339~1365)는 붉은 수염왕 프리드리히 1세가 오스트리아를 대공국으로 격상하는 동시에 선제후의 권리까지 부여하기로 했다는 내용의 문서를 조작했다. 참고로 붉은 수염왕이 통치하던 시절엔 선제후라는 개념조차 없었다. 어쨌든 루돌프 4세의 계략은 장인인 카를 4세에게 발각되면서 수포로 돌아갔다. 하지만 1442년, 프리드리히 3세$^{Friedrich\ III}$(1415~1493)는 해당 문서가 위조된 것이 아니라 진품임을 선포하면서 왕위에 올랐고, 문서에 명기된 특권들도 오스트리아가 당연히 누려야 한다고 주장했다.

카를 5세Karl V(1500~1558)는 '선거 자금'으로 85만 굴덴을 썼다. 황제 선출권을 지닌 선제후들에게 뇌물을 뿌린 것이다. 그중 대부분은 아우크스부르크의 거상인 푸거Fugger 가문에서 빌린 돈이었다. 뿐만 아니라 카를 5세는 황제가 되기 위해 선제후들에게 다양한 권리도 양보했다. 하지만 사실 돈을 지불할 필요도, 정치적 권한을 넘겨줄 필요도 없었다. 선제후들이 카를 5세를 그다지 탐탁잖게 여긴 것은 사실이지만, 그의 경쟁자인 프랑스의 프랑수아 1세François I(1494~1547)나 프랑수아 1세를 후견했던 교황을 더 미워했기 때문이다. 참고로 푸거 가문이 카를 5세가 쓴 차용증을 불태웠다는 소문도 거짓이라고 한다.

수도사들이 한 글자 한 글자 정성스레 옮겨 적던 방식은 중세 말기 무렵부터 사라졌고, 최대한 빨리 베껴 쓴 필사본들이 그 자리를 대신했다. 그 당시에 이미 최초의 목판 인쇄본이 출간되기도 했다. 하지만 목판본을 제작하는 데에는 시간과 정성이 너무 많이 들었던 만큼, 책이 많이 출간되지는 않았다. 한편, 요하네스 구텐베르크^{Johannes Gutenberg}(1400~1468년경)가 발명한 것은 정확히 따지면 인쇄술이 아니라 활자 주조기였다. 물론 그 덕분에 서적이나 기타 문건들이 대량으로 발행될 수 있었던 것은 사실이지만, 기본적인 아이디어는 이미 그전에 널리 퍼져 있었다.

합스부르크 가문의 구성원들은 모두 다 행복한 결혼 생활을 누렸다?

합스부르크 가문의 '비공식적 슬로건'으로 불리는 문구가 하나 있다. "전쟁은 타인들이 하게 하라. 행복한 오스트리아여, 그대는 결혼을 하라^{Bella gerant alii, tu felix Austria nube}"가 바로 그것이다. 그만큼 합스부르크 가문은 정략결혼을 중시했다. 그중 합스부르크 가문 출신의 황제 막시밀리안 1세^{Maximilian I}(1459~1519)는 부르군트 출신의 마리아^{Maria von Burgund}(1457~1482)와 결혼해 실제로 매우 행복한 결혼 생활을 유지했다고 한다. 하지만 그 이면에 그늘이 아예 없었던 것은 아니었다. 아내의 고향인 부르군트, 즉 부르고뉴 지역을 둘러싸고 프랑스와 끊임없이 전쟁을 치러야만 했던 것이다. 그런가 하면 막시밀리안 1세의 아들 '아름다운 펠리페^{Felipe el Hermoso}'(1478~1505)와 스페인 공주 후아나Juana(1479~1555)의 결혼 생활은 처음부터 불행했던 것으로 추정된다. 후아나 공주가 심각한 노이로제 증상을 보였기 때문이다. 그럼에도 불구하고 두 사람 사이에서 아들이 한 명 태어났다. 카를 5세가 바로 그 인물이다. 카를 5세는 아버지가 세상을 떠난 뒤 정략결혼으로 '해가 지지 않는 제국'을 세웠고, 그 제국을 충실히 다스리기도 했지만, 카를 5세가 세상을 떠난 뒤 해당 영토는 결국 두 지역으로 분할되고 말았다.

루터는 비텐베르크 성문에 95개조 반박문을 내걸었다?

마르틴 루터Martin Luther(1483~1546)가 비텐베르크Wittenberg 성城 안의 교회 문에 95개조 반박문을 내걸었다는 이야기는 모두 앞뒤가 맞지 않거나 루터가 세상을 떠난 뒤에 등장한 것들이다. 루터가 직접 말한 바에 따르면, 루터는 해당 논제를 우선 1517년 10월 31일 마그데부르크의 대주교와 작센의 선제후들에게 보냈다. 그들의 의견을 들은 뒤에 비로소 대중들에게도 반박문을 공개하려 했던 것이었다. 루터는 또 면죄부 자체를 심각하게 비판하지는 않았다. 그보다는 죄를 저지른 자는 참회를 통해 속죄해야 마땅한데, 단순히 면죄부를 구입함으로써 죄의식으로부터 벗어나려는 안일한 태도를 비난한 것이었다.

루터가 말한 내용은 그것과는 조금 달랐다. 루터는 1521년, 보름스Worms에서 열린 제국 회의를 틈타 자신을 파문하려던 황제 앞에서 성경에 근거가 명확히 제시되어 있지 않은 한 결코 자신의 주장을 철회하지 않겠노라고 당당하게 선언했다. 그 과정에서 루터가 한 말은 "주여, 내가 여기 있나이다, 나는 달리 어찌할 도리가 없습니다Hier stehe ich und kann nicht anders"가 아니라 "나는 아무것도 철회하지 않을 것이고 철회할 수도 없습니다. 내 양심에 거슬리는 행위를 하기가 너무도 힘겹고, 권고할 만한 것도 못 되며, 위험하기 때문입니다. 주여 나를 도우소서, 아멘Deshalb kann und will ich nichts widerrufen, weil wider das Gewissen zu handeln beschwerlich, nicht ratsam und gefährlich ist. Gott helfe mir, Amen"이었다.

농민전쟁과 마녀사냥

종교개혁이 농민전쟁의 도화선으로 작용했다?

종교개혁의 영향이 없었다 해도 당시 농민들은 이미 봉기를 일으켜야겠다는 굳은 의지와 용기를 지니고 있었다. 사실 민중의 반란이나 농민의 봉기는 14세기 이래 독일에서 꾸준히 이어져왔다. 봉기의 이유는 주로 기근이나 역병, 법적 지위의 하락 등이었다. 1525년에 일어난 농민전쟁이 그 이전의 시위들보다 규모가 더 컸을 뿐이다. 물론 종교개혁의 영향이 아주 없었다고 할 수는 없다. 종교개혁 이후 농민들이 처음으로 자신들의 요구 사항을 종교와 논리에 근거하여 제시했기 때문이다.

농민전쟁은 빈농의 반란이었다?

반란의 주도자들은 빈농이 아니라 부농들로, 15세기 이후 농민에 대한 착취가 극심해진 것이 주된 이유였다. 그간 당연하게 누려온 권리들은 박탈되었고, 세금과 부역의 의무는 강화되었으며, 더불어 주종 관계도 더욱 강하게 굳어지자 더 이상 참지 못한 농민들, 즉 가난한 농민이 아니라 잃을 것이 많은 농민들이 자신들의 재산과 기득권을 지키기 위해 반란을 일으킨 것이었다.

 농민군은 잔인한 범죄를 수도 없이 저질렀다?

농민군의 학살 행위 중 현재 알려진 것은 1525년 부활절에 뷔르템베르크 주의 바인스베르크Weinsberg에서 자행된 대학살 밖에 없다. 그런데 당시 농민군이 수많은 성채와 수도원을 점령하고 약탈하고 불태운 것은 사실이지만, 주민들에게는 큰 해를 입히지 않았다. 예를 들어 영주의 아내들에게 소젖을 짜라는 정도의 요구만 했을 뿐이다. 몇몇 도시들은 심지어 자발적으로 농민군과 동맹을 맺기도 했다. 학살은 오히려 농민군을 진압하는 과정에서 더 많이 자행되었다. 약 10만 명의 농민들이 학살당했고, 수많은 여인들이 강간을 당했으며, 심지어 아이들까지 목숨을 잃었다고 한다.

마녀사냥은 중세 암흑기의 산물이다?

마녀사냥은 주로 근세 초기에 이뤄졌다. 최초의 마녀재판은 1419년 루체른에서 집행되었고, 마녀사냥에 대한 집단적 광기가 본격적으로 시작된 것은 1560년경이었으며, 마녀사냥이 최고조에 달한 것은 1590~1630년 사이였다. 1775년 독일 땅에서 마녀가 마지막으로 처형되었고, 유럽 전체로 보면 그로부터 7년 뒤 스위스에서 마녀를 처형한 것이 마지막 마녀재판이었다. 참고로 마녀재판으로 목숨을 잃은 사람은 30~50여 명이라고 한다.

마녀재판은 가톨릭 신앙에 뿌리를 둔 관행이었다?

마녀재판을 둘러싼 광기는 가톨릭교가 아니라 토속 신앙에서 비롯된 것이었다. 가톨릭 교단에서 한동안 처벌 대상으로 삼은 것은 마녀 자체가 아니라 마녀의 존재를 믿는 행위였다. 카롤링거 왕조 때만 하더라도 마녀의 존재를 믿는 것만으로도 사형을 당할 수 있었다. 하지만 이후 해당 범죄에 대한 처벌 수위가 벌금형으로 낮아졌다. 한편, 11세기경 프라이징Freising 주민들의 광기 때문에 마녀 누명을 쓰고 화형당한 세 여인이 있는데, 가톨릭 교단은 이들을 순교자로 지정했다고 한다.

이교도라면 성별을 불문하고 마녀재판의 희생양이 될 수 있었다. 원래 교단에서는 스스로 이교도임을 자백하는 이들만 이교도로 간주했는데, 마르부르크의 콘라트^{Konrad von Marburg}(1180~1233년경)를 비롯한 일부 종교 재판관들은 마귀 숭배자들이 대규모 조직을 결성했다는 의심을 품었다. 프랑스의 국왕 필리프 4세^{Philippe IV}(1268~1314)는 부유한 템플 기사단을 해체시키기 위해 종교 재판을 악용하기도 했다. 당시 신앙심이 독실한 템플 기사단 회원들이 이단 행위를 끝까지 자백하지 않자 필리프 4세는 마귀가 씌었기 때문에 경건한 척하는 것이라며 비난했다. 참고로 여인들을 악마와 결탁한 정욕의 화신으로 묘사한 소설 《마녀의 망치^{Hexenhammer}》도 1487년에 출간된 것이다.

 《마녀의 망치》는 하인리히 인스티토리스와 야코프 슈프렝거가 함께 쓴 작품이다?

야코프 슈프렝거^{Jakob Sprenger}(1435~1495)는 《마녀의 망치》와 무관하며 최근 도미니크회 소속 마녀재판관 하인리히 인스티토리스^{Heinrich Institoris}(본명은 하인리히 크라머^{Heinrich Kramer}, 1430~1505년경)가 단독으로 쓴 작품임이 밝혀졌다. 도미니크회 내부에서도 작품에 대한 논란이 불거지자 인스티토리스가 같은 교단 소속인 슈프렝거가 공동 저자인 것처럼 무단 도용해 출판한 것이었다.

삼십년전쟁과 지동설

🔵 삼십년전쟁의 발단은 '흐라드차니 성 사건'이었다?

1619년, 종교 탄압에 분노한 신교도들이 페르디난트 2세$^{Ferdinand\ II}$ (1578~1637)의 신하 두 명을 흐라드차니^{Hradcany} 성에서 창밖으로 던져버렸다. 두 사람은 쓰레기 더미에 떨어져 다행히 목숨을 구했지만, 그 소식을 들은 페르디난트 2세는 화가 머리끝까지 났다. 하지만 그 사건 자체가 삼십년전쟁의 발단이었다고는 할 수 없다. 그보다는 페르디난트 2세가 로마 가톨릭교회의 부흥을 위해 신교도를 압박했던 것, 나아가 거기에 반발한 신교도들이 결국 페르디난트 2세를 폐위시키고 팔츠^{Pfalz}의 선제후 프리드리히 5세$^{Friedrich\ V}$(1596~1632)를 보헤미아의 국왕으로 옹립한 것이 전쟁 발발의 계기였다고 해야 옳을 것이다.

✸ 스웨덴 병사들은 특히 더 잔인했다?

스웨덴 군대뿐 아니라 삼십년전쟁에 참전한 대부분의 국가의 병사들이 잔인했다. 모두가 다른 나라를 약탈했고, 모두가 살아남기 위해 치열하게 싸웠다. 당시 신성 로마 제국의 황제 페르디난트 2세는 알브레히트 폰 발렌슈타인Albrecht von Wallenstein(1583~1634)을 지휘관에 임명했는데, 발렌슈타인이 애용했던 전술은 '기근 전략'이었다. 즉 병사들을 시켜 나라 전체를 약탈함으로써 적국 병사들이 먹을 것이 없게 만들고, 이로써 적군을 오도 가도 못하게 옥죈 것이었다. 한편, '마그데부르크 소탕작전'은 삼십년전쟁 기간 전체를 통틀어 가장 끔찍했던 작전으로 기억된다. 당시 발렌슈타인의 해임 이후 황제군의 제1지휘관 자리에 오른 틸리Tilly(1559~1632) 백작은 도시 전체를 불태우고 주민 대부분을 학살했다고 한다.

✸ 코페르니쿠스는 교단의 처벌이 두려워 자신의 이론을 공개하지 않았다?

니콜라우스 코페르니쿠스Nikolaus Kopernikus(1473~1543)가 사모스 섬 출신의 천문학자 아리스타르코스Aristarchos(BC 310~230년경)의 천동설을 의심했고, 한동안의 연구 끝에 태양이 지구 주변을 도는 게 아니라 지구가 태양 주변을 돈다는 확신을 갖게 되었으며, 그럼에도 불구하고 지동설을 누구에게도 발설하지 않은 것은 사실이다. 하지만 입을 다문 이유가 교회 때문은 아니었다. 그보다는 동료들이 자신의 주장을 비웃을 게 뻔했기 때문에 자신의 이론을 공개하지 않은 것이었다. 하지만 그럼에도 불구하고 코페르니쿠스의 이론은 조금씩 새어나가기 시작했고, 나중에는 상당히 많은 이들이 코페르니쿠스의 생각을 알게 되었다. 참고로 1543년에는 추기경이 코페르니쿠스에게 해당 이론을 세상에 공개하라고 종용했다고 한다.

🌐 삼십년전쟁 당시 습격당한 도시들은 모두 다 불탔다?

삼십년전쟁 당시 군사들의 습격을 받은 도시들이 모두 다 한 줌의 재가 되어버린 것은 아니었다. 병사들은 어떤 지역을 습격한 뒤 우선 먹을 것과 각종 재물들을 내놓으라고 요구했는데, 그런 요구가 받아들여지지 않을 때에만 해당 지역을 불태웠다. 참고로 삼십년전쟁이 진행되는 동안 도시를 불태워야 했던 작전은 성공하지 못한 작전으로 간주되었다고 한다.

🌐 갈릴레오 갈릴레이는 투옥된 뒤 갖은 고초에 시달렸다?

1992년, 교황 요한 바오로 2세[Joannes Paulus II](1920~2005)는

갈릴레오 갈릴레이^{Galileo Galilei}(1564~1642)의 재판에 문제가 있었음을 인정했다. 그런데 널리 알려진 바와 달리 갈릴레이는 극심한 박해나 고초를 겪지 않았다. 처음에는 심지어 가톨릭 교단 측에서 갈릴레이의 연구를 지원할 정도였고, 종교 재판에 회부한 것도 한참 뒤의 일로 1633년, 갈릴레이가 자신의 이론을 제외한 모든 이론을 부인하자 가톨릭 교단 측에서도 인내심의 한계를 느끼고 종교 재판에 소환한 것이었다. 하지만 갈릴레이는 독방에 감금되지도, 주장을 철회하라며 잔인한 고문을 당하지도 않았다. 1600년 "지구 이외에 또 다른 행성이 있다"고 주장했던 조르다노 브루노^{Giordano Bruno}(1548 ~1600)를 화형에 처했듯 로마 교황청이 갈릴레이도 극도로 박해한 것으로 알려져 있지만, 사실 갈릴레이는 가택 연금만 당했을 뿐, 자신의 집에 거주하면서 연구 활동을 계속 이어갈 수 있었다.

아이젠바르트 박사는 돌팔이였다?

"나는야 의사 아이젠바르트, 환자들을 내 마음대로 치료하지요 Ich bin der Doktor Eisenbarth, kuriere die Leute nach meiner Art"라는 가사의 노래가 있다. 요한 안드레아스 아이젠바르트^{Johann Andreas Eisenbarth}(1663 ~1727)를 엉터리 의사로 치부하는 노래이다. 하지만 아이젠바르트의 의술이 그 정도로 비난받아야 할 만큼 엉터리는 아니었다. 아이젠바르트는 사실 동료들 사이에서는 명망이 꽤 높았다. 촛불로 수술 도구들을 소독하고 바늘로 환자를 치료한 최초의 의사이기도 했다. 그런데 세월이 흐르면서 의술이 눈부시게 발전하게 되면서 많은 이들이 떠돌이 안과 의사이자 외과 의사인 아이젠바르트의 치료법을 비웃기 시작한 것이다.

침묵공 빌렘은 말이 거의 없었다?

나사우 백작 빌렘으로도 알려져 있는 빌렘 1세$^{Willem \ I}$(1533~1588)는 네덜란드를 통일한 최초의 국왕이었고, 지금도 네덜란드의 국가國歌에 등장하는 영웅이다. 그런데 빌렘 1세는 침묵과는 거리가 멀었다. 오히려 매우 개방적이고 대화를 좋아하며 수사학에도 능했다. 적국인 스페인에서는 빌렘 1세를 교활하고 영리한 왕이라 불렀지만, 자국인들은 빌렘 1세를 네덜란드의 국부國父로 생각했다. 그런 빌렘 1세에게 어쩌다 '침묵공 빌렘$^{Willem \ de \ Zwijger}$'이라는 별명이 붙었는지는 알 수 없지만, 17세기 이후 그 별명은 꼬리표처럼 빌렘 1세를 따라다녔다.

콜럼버스와 인디언

15세기에 교육을 조금이라도 받은 사람이라면 지구가 편평하지 않다고 생각했다. 특히 뱃사람들은 지구가 편평한 모양이 아니라는 것을 더 잘 알고 있었다. 그럼에도 크리스토퍼 콜럼버스 Christopher Columbus(1451~1506)의 탐사 계획이 반대에 부딪쳤던 데에는 아예 다른 이유가 있었다. 포르투갈 국왕의 자문들 중에는 대항해 시대를 열었던 '항해사 엔히크Henrique the Navigator'의 종손도 포함되어 있었는데, 그 종손은 지구의 둘레를 4만 킬로미터로 추정했던 반면 콜럼버스는 2만 8000킬로미터밖에 되지 않을 것이라 예상했던 것이다. 게다가 자금 지원을 요구하는 콜럼버스의 태도도 그리 공손하지 않았고 액수도 탐탁지 않았기 때문에 콜럼버스의 요청은 거부당할 수밖에 없었다. 즉 콜럼버스의 탐사 계획이 초기에 난항을 겪었던 가장 큰 이유는 '윗선'과의 갈등 때문이었다.

콜럼버스가 달걀을 세웠다?

달걀을 세운 것은 콜럼버스가 아니라 이탈리아의 선구적 건축가 필리포 브루넬레스코^{Filippo Brunellesco}(1377~1446)였다. 1421년, 브루넬레스코는 피렌체 대성당의 설계도를 공개했는데, 경쟁자들은 하나같이 도저히 실현 불가능한 계획이라며 혀를 찼다. 그러자 브루넬레스코는 경쟁자들에게 달걀 하나를 세로로 세워볼 것을 요구했고, 모두들 그의 황당한 요구에 어리둥절한 표정만 지었다. 그때 브루넬레스코는 달걀의 한쪽 끝을 깬 뒤 탁자 위에 세로로 세워 보이면서, 대성당 건설 계획도 그와 같은 일이라고 역설했다. 해결책을 알고 나면 결국 간단한 문제라는 것이다. 이 일화가 사실인지 아닌지 제대로 밝혀지지는 않았지만, 적어도 이 일화가 '콜럼버스의 달걀' 이야기로 와전된 것 만큼은 분명하다.

메이플라워호의 승객들이 아메리카 대륙 최초의 이주민들이었다?

1620년, 청교도들은 '메이플라워^{Mayflower}호'를 타고 오늘날의 매사추세츠 해안에 도착했다. 그런데 당시 북미 대륙에는 이미 영국에서 건너온 이민자들이 여기저기에 모여 살고 있었다. 그중 가장 오래된 마을은 버지니아 주의 제임스타운^{Jamestown}으로, 1606년 '디스커버리^{Discovery}호', '갓스피드^{Godspeed}호', '수전 콘스턴트^{Susan Constant}호' 등 세 척의 배에 몸을 싣고 영국에서 미국으로 건너온 이민자 약 100명이 모여 조성한 마을이었다. 이후 점점 더 많은 이민자들이 미국 땅을 밟았고, 1620년에는 최초의 여성 이민자들이 버지니아 주에 도착했다고 한다.

 독일어가 미국의 공식 언어로 채택될 뻔했다?

1789년(혹은 1793년), 펜실베이니아에서 개최된 회의에서 독일계 이민자 하나가 독일어를 미국의 공식 언어로 정하자는 청원서를 제출했는데 단 한 표 차이로 해당 의안이 통과되지 않았다는 이야기가 있기는 하다. 하지만 첫째 실제로 그러한 투표가 이뤄졌는지 여부가 입증되지 않았고, 둘째, 만약 실제로 투표가 이루어져 거기서 해당 의제가 통과되었다 하더라도 독일어가 미국의 공식 언어로 지정되었을 가능성은 희박하다. 19세기 들어 영국과 아일랜드계 이주민들이 미국인의 과반수를 차지했기 때문이다.

머리 가죽 벗기기는 인디언들의 고유 풍습이다?

먼 옛날 스키타이족도 적군의 머리 가죽을 전리품으로 챙겼고, 뉴기니의 현상금 사냥꾼들도 '사냥감'의 머리 가죽을 벗겼다. 미국 서부를 개척하던 시절에도, 인디언과 백인들 사이에 벌어진 전투에서도 적의 머리 가죽을 벗기는 관습이 있었다. 백인들이 아메리카 대륙에 진출하기 전까지는 인디언들에게 그런 관습이 아예 없었다는 주장도 있지만, 이는 사실이 아니다. 단, 백인 정부 고위 관리들이 머리 가죽을 벗기는 잔인한 풍습을 북미 대륙 전역으로 확산시킨 것은 사실이다. 이들이 인디언의 머리 가죽을 벗겨오는 자들에게 두둑한 보상금을 지불한 탓에 그런 관습이 널리 퍼진 것이다. 참고로 그 때문에 평화롭게 살던 인디언 부족과 나약한 여성들, 힘없는 어린아이들, 멕시코인들이 수없이 희생되었다고 한다.

 인디언 족장 '시애틀'은 미국 대통령 앞에서 '시애틀의 연설'을 낭독했다?

1854년, 인디언 부족 중 하나인 수카미시족^{Suquamish}의 족장 시애틀^{Seattle}(1786~1866)이 백인들 세계로부터 인디언 세계를 분리하겠노라는 취지로 일장 연설을 했다. 그런데 시애틀은 미합중국의 대통령이 아니라 워싱턴의 주지사 앞에서 그 연설을 했고,

그 자리에 참석한 백인 기자가 연설을 영어로 번역한 뒤 1887년에 연설 전문을 공개했다. 이후에도 해당 연설은 여러 가지 버전으로 개작되었는데, 그중 하늘과 구름과 바람과 파도 등 각종 자연 현상을 언급한 1970년도 버전이 가장 유명하다. 하지만 그 어떤 버전도 실제로 시애틀이 한 연설과 일치한다는 증거가 없고, 오직 "나의 동족들에게는 이 땅의 그 어느 한 자락도 신성하지 않은 곳이 없습니다Every part of this soils is sacred to my people"라는 문장만 사실과 일치하는 것으로 전해지고 있다.

 항해사 엔히크는 뱃사람이었다?

포르투갈의 왕세자 '항해사 엔히크'(1394~1460)는 단 한 번도 배를 타고 먼 길을 여행한 적이 없다. 주변에 항해 전문가들이 많았고, 그런 이유로 마데이라Madeira 제도나 아조레스Azores 제도, 카보베르데Cabo Verde의 탐사 프로젝트를 후원했을 뿐이다. 안타깝게도 엔히크의 후원을 받은 항해사들 중 희망봉Cape of Good Hope을 정복했다거나 그에 준하는 위업을 기록한 이는 없었지만, 엔히크가 선박을 이용한 탐사 프로젝트를 체계적으로 지원한 첫 번째 지도자였던 것만큼은 분명하다.

태양왕과 마담 퐁파두르

루이 14세 당시 철가면을 쓴 죄수가 있었다?

루이 14세$^{Louis\ XIV}$(1638~1715)의 재위 시절, 늘 검은 마스크를 써야 했던 '정치 사범'이 한 명 있기는 했다. 이 죄수에게는 '철가면'이라는 별명이 붙었는데, 사실 그 가면은 철이 아니라 비단으로 만든 것이었다. 전해 내려오는 이야기에 따르면, 그 '비단 가면'은 태양왕 루이 14세가 자신의 왕좌를 위협할 것을 염려하여 미리 숨겨둔 쌍둥이 형이라고 한다. 나아가 비단 가면은 투옥된 상황에서도 많은 특권을 누렸지만, 비단 가면이 혹시라도 자신의 정체를 드러내려 할 경우에는 즉시 죽이라는 명령을 내린 상태였다고 한다. 그뿐 아니라 비단 가면이 다른 감옥으로 이동할 때는 프랑스어를 모르는 사람들만이 비단 가면을 대동할 수 있었다.

하지만 이 모든 이야기들은 반쯤은 사실에 기인한 것이고 나머지 절반은 전설에 불과한 것으로 추정된다. 확실한 것은 '철가면'이 1703년에 세상을 떠났다는 것뿐이다.

프랑스 국왕들은 노트르담 성당에서 대관식을 거행했다?

프랑스 국왕들이 노트르담 성당에서 대관식을 거행한 것은 사실이다. 하지만 여기서 말하는 노트르담 성당은 파리에 있는 유명한 성당이 아니라 랭스Reims에 소재한 노트르담 성당이다. 파리에서 대관식을 거행한 통치자는 나폴레옹 보나파르트Napoléon Bonaparte(1769~1821)와 영국의 헨리 6세Henry Ⅵ(1421~1471)뿐이다. 참고로 건축사적으로도 샤르트르Chartres와 랭스의 성당이 파리의 노트르담보다 더 중대한 의미를 띠며, 프랑스 통치자들의 시신도 수도 파리가 아니라 파리 근교의 생드니Saint-Denis 수도원에 안치되었다고 한다.

마담 퐁파두르는 사치와 허영심으로 똘똘 뭉친 속물이었다?

마담 퐁파두르Madame de Pompadour의 본명은 잔 앙투아네트 푸아송Jeanne Antoinette Poisson(1721~1764)이다. '퐁파두르 후작 부인'이라고도 불린 그녀는 시민 계급 출신 여성 중 최초로 프랑스 국왕의 공식 애첩이 된 여인이다. 마담 퐁파두르가 루이 15세 Louis XV(1710~1774)에 대해 지닌 영향력은 결코 무시하지 못할 수준이었다. 심지어 두 사람이 더 이상 잠자리를 같이하지 않던 시절에도 마담 퐁파두르의 영향력은 줄어들지 않았다. 퐁파두르 후작 부인은 예술과 문화를 장려했고 정치 사안에 대해서도 충고를 아끼지 않는 등 다방면에서 루이 15세를 보조했지만, 궁정을 출입하는 귀족들은 그녀가 사치와 허영심으로 똘똘 뭉친 속물이라는 험담을 퍼뜨리기에 바빴고, 심지어 그 소문이 국외로까지 퍼져나갔다고 한다. 하지만 오늘날 역사학자들은 당시 마담 퐁파두르가 자신에게 주어진 특권을 남용하지 않았고 매우 양심적이며 겸손하게 행동했다고 평가하고 있다.

✳ '왼손 결혼'의 대상은 모두 다 첩이었다?

'왼손 결혼marriage by the left hand'은 신분이 서로 다른 남녀 사이의 결혼을 가리키는 말이었을 뿐, 이중 결혼과는 무관했다. 나아가 왼손 결혼으로 맺어진 남녀도 어디까지나 합법적 부부였다. 제후들 중에도 본부인이 사망한 뒤 애첩과 왼손 결혼을 한 이들이 적지 않았다. 단, 거기서 태어난 자녀들은 어머니 소유의 재산만 물려받을 수 있었다. 즉 귀천상혼貴賤相婚의 경우에는 아내나 자식들이 누릴 수 있는 권한에 제약이 있었던 것이다. 한

편, 프로이센의 국왕 프리드리히 빌헬름 2세^{Friedrich Wilhelm II}
(1744~1797)를 비롯한 일련의 제후들이 본부인이 죽기 전에 이
미 애첩들과 왼손 결혼을 했다는 말들은 입증되지 않은 소문에
불과하다고 한다.

루이 14세는 프랑스인들에 대해서만 강경한 태도를 취했다?

태양왕 루이 14세는 베르사유 궁을 출입하는 귀족들이나 백성
들도 탄압했지만 대외적으로도 매우 강경한 정책을 취했다. 그중
에서도 독일의 팔츠^{Pfalz} 지방에 대해 계승권을 주장하며 시작된
전쟁('팔츠 계승 전쟁' 혹은 '아우크스부르크 동맹 전쟁'으로 불림)은 특
히 더 잔악했다. 팔츠 계승 전쟁은 루이 14세가 동생의 아내이자
팔츠의 공주인 엘리자베트 샤를로트^{Elisabeth Charlotte}(1652~1722)
의 계승권을 주장하면서 시작되었는데 사실 샤를로트 자신은 이
미 왕위 포기를 선언한 터였다. 그럼에도 불구하고 루이 14세는
1688년 팔츠 지역을 초토화시켰고, 라인 강 유역의 몇몇 지역들
도 무력으로 합병했다. 하지만 그 많은 영토들 중 루이 14세의 사
망 시점까지 프랑스 영토로 남은 땅은 알자스^{Alsace}뿐이었다.

바덴뷔르템베르크^{Baden-Württemberg} 주가 '모범 지역^{Musterländle}'
이라는 명성을 얻게 된 것은 무엇보다 바덴의 변경백 카를 프리
드리히^{Karl Friedrich}(1738~1811) 덕분이었다. 카를 프리드리히는
질서와 보안 그리고 복지를 유지하는 데 평생을 바친 인물이다.
반면 또 다른 통치자 카를 오이겐^{Karl Eugen}(1737~1793)은 사치와
허영심으로 가득한 폭군이었다. 카를 오이겐은 자신의 사치스러
운 생활을 유지하기 위해 신하와 백성들을 미국에 팔아넘기기까
지 했다. 한때 카를 오이겐의 신하였던 독일의 대문호 프리드리
히 실러^{Friedrich Schiller}(1759~ 1805)는 자신의 작품《간계와 사랑
^{Kabale und Liebe}》을 통해 오이겐의 폭정을 낱낱이 폭로하기도 했다.

"짐이 곧 국가이다"는 루이 14세가 한 말이다?

"짐이 곧 국가이다^{L'État, c'est moi}"는 1655년 4월 13일, 국사^{國事}
를 좀 더 충실히 돌보라는 의회 의장의 충고에 루이 14세가 응수
한 말로 알려져 있다. 하지만 루이 14세가 실제로 그렇게 말했다
는 기록은 어디에서도 찾아볼 수 없다. 루이 14세가 그런 말을 했
을 수도 있지만, 누군가 지어낸 이야기일 수도 있다. 그래도 '짐이
곧 국가'라는 발언은 70년 넘게 무소불위의 권력을 행사했던 루
이 14세에게 충분히 어울리는 말이기는 하다.

브란덴부르크와 프로이센

프로이센의 프리드리히 빌헬름 1세Friedrich Wilhelm I(1688~1740)는 '군인왕Soldatenkönig'이라는 별명이 있지만, 실제로는 단한 번도 전쟁을 치르지 않았다. 또한 검소하고 경건하기로도 둘째가라면 서러울 정도였다. 하지만 프리드리히 빌헬름 1세는 브란덴부르크-프로이센을 공무원과 군인의 국가로 만들었고, 나아가 자국 군대를 유럽 최고의 부대로 무장시킨 인물이기도 하다. 당시 프리드리히 빌헬름 1세의 근위 부대는 188센티미터를 넘는 건장한 남성들로만 구성되어 있었고, 그 때문에 지금도 '장신의 사내들Lange Kerls'이라는 별명으로 불리곤 한다. 한편, 프리드리히 빌헬름 1세의 아들 프리드리히 2세(1744~1797)는 아버지를 그리 좋아하지 않았지만 아버지가 조직한 군대를 적극 활용하면서 군사 강국으로 키워나갔다고 한다.

 프리드리히 대제는 절친한 친구의 처형 장면을 처음부터 끝까지 목격했다?

프로이센의 황태자 프리드리히는 훗날 프리드리히 대제^{Friedrich} $^{der\ Große}$(1712~1786), 즉 프리드리히 2세가 된 인물이다. 그런데 어린 시절 프리드리히는 엄격한 아버지의 영향에서 벗어나기 위해 도주를 시도하다가 체포되어 투옥되었고, 황태자의 도주를 도왔던 한스 헤르만 폰 카테$^{Hans\ Hermann\ von\ Katte}$(1704~1730) 중위는 참수형을 당했다. 전해 내려오는 이야기에 따르면 프리드리히 대제가 감옥 안에서 친구의 처형 장면을 처음부터 끝까지 지켜봐야 했다고 하지만, 실제로는 그 장면을 하나도 빠짐없이 목격하라는 아버지의 명령을 끝까지 따르지 못하고 중간에 그만 실신해 버렸다고 한다.

 프리드리히 대제는 제복을 즐겨 입은 검소한 인물이었다?

황태자 프리드리히는 검소함과는 거리가 멀었다. 열다섯 살 때 이미 상당한 빚을 지고 있을 정도였다. 빌린 돈으로는 주로 책을 구입했지만, 의류 구입에도 적지 않은 돈을 소비했다. 하지만 그렇게 구입한 옷들은 아버지가 모르게만 착용할 수 있었다. 프리드리히 빌헬름 1세가 제복만 입도록 명령했기 때문이다. 한편, 프리드리히 대제는 젊은 시절 오스트리아로부터 뇌물을 받기도 했다고 한다.

프로이센 공국과 프로이센 왕국은 같은 말이다?

프로이센 공국Herzogtum Preußen은 호엔촐레른Hohenzollern 가문 출신의 귀족들이 통치한 폴란드령의 국가였다. 이후 프로이센 공국은 1655~1660년 폴란드와 스웨덴 사이에 벌어진 전쟁에서 혁혁한 무공을 세운 덕분에 폴란드로부터 해방되었고, 1701년에는 프로이센 왕국Königreich Preußen으로 거듭났다.

상수시 궁전의 풍차 방앗간 주인은 프로이센의 국왕마저 감복시켰다?

상수시Sanssouci 궁전은 프리드리히 대제가 여름용으로 지었다는 아름다운 궁전이다. 그런데 전해 내려오는 이야기에 따르면 상수시 궁전 안에 원래 풍차 방앗간이 하나 있었는데, 방앗간 주인은 아무리 거금을 지불해도 방앗간을 팔지 않겠다며 고집을 피웠다고 한다. 방앗간 주인은 심지어 프리드리히 대제를 고소하겠다며 으름장을 놓았다. 그러자 방앗간 주인의 용기에 감복한 프리드리히 대제가 방앗간을 그대로 유지해도 좋다고 허락하면서 각종 세금까지 면제해주었다고 한다. 그러나 이 이야기는 어디까지나 전설일 뿐, 실제로는 궁전 건축 당시에 방앗간 주인에게 새로운 방앗간 하나를 지어주기로 결정이 났다고 한다.

트렝크 남작과 아말리에 공주는 연인 사이였다?

《프리드리히 트렝크 남작의 기이한 인생 여정Des Friedrich Freyherrn von der Trenck merkwürdige Lebensgeschichte》은 19세기에 큰 인기를 끌었던 소설이다. 저자 프리드리히 폰 데어 트렝크Friedrich von der Trenck(1726~1794)는 이 소설 속 주인공을 대단한 모험가로, 프로이센의 공주 아말리에Amalie(1723~1787)의 연인으로, 나아가 정치적 음모의 희생양으로 묘사했다. 하지만 개중에는 지어낸 이야기임을 저자가 시인한 부분도 있고, 훗날 역사학자들에 의해 허구로 밝혀진 부분도 적지 않다. 물론 소설 속 허구가 현실보다 훨씬 더 흥미진진한 것은 사실이고, 덕분에 영화로 만들어지기도 했다. 어쨌든 트렝크가 해당 소설 때문에 감옥에 갔다는 소문은 사실이 아니다. 트렝크가 투옥된 것은 오스트리아 군대 소속인 자신의 사촌과 내통했기 때문이었다.

마리 앙투아네트와 나폴레옹

 프로이센의 왕후 루이제는 나폴레옹에게 자비를 베풀어달라고 빌었다?

전해 내려오는 이야기에 따르면 프로이센의 아리따운 왕후 루이제Luise(1776~1810)가 나폴레옹에게 제발 프로이센을 멸망시키지만 말아달라고 간청했다고 한다. 하지만 그것은 사실과 다르다. 루이제 왕후는 사실 프로이센이 프랑스를 침공하도록 조장한 세력 중 하나였다. 그러나 프로이센 부대는 예나Jena와 아우에르슈테트Auerstedt에서 나폴레옹의 군대에 참패를 당했고, 모두들 프로이센이 멸망할 것이라 생각했다. 그러자 프로이센의 국왕이자 루이제의 남편이었던 프리드리히 빌헬름 3세Friedrich Wilhelm III (1770~1840)는 러시아와 동맹을 맺었고, 이에 러시아 황제는 나

폴레옹과 화해 조약을 체결했다. 프로이센이 멸망하지 않은 것도
그 덕분이었다.

 **"빵이 없으면 브리오슈를 먹으면 되지"는 마리 앙투아네트
가 한 말이다?**

"빵이 없으면 브리오슈를 먹으면 되지$^{S'il\ n'ont\ pas\ de\ pain,\ qu'ils}$
$_{mangent\ de\ la\ brioche}$"라는 말은 장 자크 루소$^{Jean\ Jacques\ Rousseau}$
(1712~1778)의 1760년 작품《고백록$^{Les\ Confessions}$》에서 최초로
언급된 것인데, 마리 앙투아네트$^{Marie\ Antoinette}$(1755~1793)의 말
을 그대로 인용했을 리 만무하다. 마리 앙투아네트가 왕비가 되
기 이전에 쓴 책이기 때문이다. 그럼에도 불구하고 마리 앙투아
네트와 위의 문장을 자꾸 연관시키는 것은 아마도 사치스럽고 세
상 물정을 잘 모르는 마리 앙투아네트를 조롱하는 세력들 때문이
었던 것으로 추정된다.

 바스티유 감옥은 열악한 환경의 음산한 감옥이었다?

1789년 7월 14일, 파리 시민들이 음산하고 어두컴컴한 바스티
유 감옥을 습격했고 이로써 프랑스 혁명이 시작되었다고 알려져
있지만, 바스티유 감옥의 환경은 조금도 열악하지 않았다. 바스티

유에 투옥된 이들은 주로 귀족 출신의 범죄자들이었고, 비록 갇힌 몸이기는 했지만 죄수들은 비교적 편안한 생활을 누렸다. 참고로 시민들이 바스티유 감옥 안으로 곧장 쳐들어갔다는 말도 사실과 다르다. 처음에는 대치 상황이 벌어지다가 군중이 점점 더 몰리면서 습격이 시작된 것이다. 한편, 그 당시 감옥 수비대장은 민중들에게 항복했지만 몇몇 병사들과 함께 처형당했다고 한다.

기요틴은 기요탱 박사의 발명품이다?

1789년 10월, 해부학 교수 조제프 이그나스 기요탱^{Joseph Ignace Guillotin}(1738~1814)이 고통 없이 사형을 집행할 수 있는 기구, 즉 단두대를 활용하자는 안건을 프랑스 의회에 제출한 것은 사실이다. 하지만 기요탱 박사가 단두대를 발명한 것은 아니다. 칼날을 위에서 떨어뜨려 죄인을 처형하는 기구는 고대 페르시아에도 있었고, 중세 독일이나 17세기 영국에서도 사용했다. 한편, 프랑스 의회는 기요탱 박사의 안건을 받아들여 기요틴^{guillotine}을 제작하라고 명했지만, 기요틴을 고안한 사람 역시 기요탱 박사가 아니라 독일 출신의 수공업자였다.

'제국 대표자 결의문'은 나폴레옹이 선포한 것이다?

1801년, 오스트리아와 프로이센은 전쟁에서 패한 대가로 라인 강 왼쪽의 독일 영토를 프랑스에 내주어야 했고, 덕분에 그 지역 영주들은 통치할 땅을 잃게 되었다. 이에 패전국인 오스트리아와 프로이센은 하루아침에 실업자 신세가 된 영주들에게 새로운 일 감을 주기 위해 '제국 대표자 결의문Reichsdeputations-Hauptschluss' 을 선포했다. 통치할 땅을 잃은 영주들에게 황제 직속령이던 소 단위 영토들을 배정한 것이다. 참고로 그 당시 25개의 교회령, 44개의 제국 수도원, 제국 도시들 대부분, 직급이 낮은 귀족 112 명의 재산 등이 새로운 주인을 맞이했다고 한다.

 나폴레옹의 업적에 대한 찬반 논란은 최근에 와서야 제기 되었다?

나폴레옹에 대한 평가는 동시대 사람들 사이에서도 둘로 갈렸 다. 심지어 나폴레옹에게 정복당한 나라의 국민들 중에서도 나폴 레옹을 잔인한 침략자로 여긴 이들이 있는가 하면, 자신들의 무 능한 통치자가 미루고 미뤄왔던 개혁 작업을 드디어 이뤄냈다며 나폴레옹을 둘도 없는 영웅으로 찬미한 이들도 있었다. 하지만 독일에서는 세월이 흐르면서 나폴레옹을 찬양하는 이들보다 비 난하는 이들이 더 많아졌는데, 영국을 굴복시키기 위해 내린 대류 봉쇄령^{Continental Blockade}으로 인해 독일의 경제가 악화되었기 때문이었다. 나폴레옹의 인기는 1812년 러시아에 대패하면서 더더욱 시들해졌다고 한다.

나폴레옹의 러시아 침공은 추위 때문에 실패로 돌아갔다?

러시아 원정에서 수십만 병사들을 잃은 뒤 나폴레옹은 "우리의 패배는 한파 때문이었다. 우리는 날씨의 희생양이다"라고 말했다고 한다. 그러나 사실 1812년, 나폴레옹이 러시아에 대패한 이유는 추위가 아니라 잘못된 전략 때문이었다. 러시아로 진격할 당시 나폴레옹은 순식간에 전쟁을 끝낼 수 있으리라 믿었고, 러시아 군대가 후퇴 작전을 쓸 것이라고는 생각도 하지 못했다. 퇴각로 선택에도 문제가 있었다. 러시아로 향하던 길에 나폴레옹은 초토화 전략을 택했는데, 정확히 바로 그 루트로 퇴각했으니 수천 명의 병사와 수천 마리의 말들이 굶어 죽을 수밖에 없었던 것이다. 참고로 오늘날 기상학자들이 당시 날씨를 추적해본 결과, 나폴레옹의 군대가 러시아에서 혹독한 한파나 폭설에 시달린 일은 없었다고 한다.

라이프치히 전투는 독일군 대 기타 연합국 간에 벌어진 전투였다?

'라이프치히 전투'는 '국가 간 전투Battle of the Nations'라고도 불리는데, 프랑스-폴란드-라인 강 유역의 동맹국들과 오스트리아-러시아-스웨덴-프로이센-기타 군소 독일 국가들 사이에서 치러진 전쟁이었다. 즉 1813년 당시 독일은 양측 모두에 나뉘어 소속되어 있었던 것이다. 라이프치히에 가면 이 전쟁의 희생자들을 기리기 위해 세운 기념비를 볼 수 있는데, 참전 국가가 여러 개였던 만큼 91미터 높이의 탑 표면에 새겨진 11만 개의 이름 속 국적도 매우 다양했음을 알 수 있다고 한다.

러시아와 미국

 포킨 장군이 포킨 마을을 조성했다?

그리고리 알렉산드로비치 포킨^{Grigori Aleksandrovich Potyomkin}
(1739 ~1791)은 예카테리나 2세^{Ekaterina II}(1729~1796)의 명령에
따라 흑해 연안의 영토들을 합병했지만 그 지역들은 너무 낙후되
어 있어서 개발이 쉽지 않았다. 그러던 중 1787년, 예카테리나 2
세가 해당 지역을 시찰하겠다고 하자 여제의 연인이기도 했던 포
킨 장군은 황급히 이 지역에 마을을 조성했다고 한다. 하지만 이
이야기는 사실이 아니다. 시간적으로 보나 재정적으로 보나 당
시 포킨이 만들어낸 것은 완전한 마을이 아니라 급조된 파사드
^{façade}, 즉 마을의 정면에 불과했을 공산이 크다. 즉, 여제의 시선
이 닿을 만한 곳에만 벽을 세워 그림을 그려 넣고 그 앞에 가짜

농민들을 세워두었던 것이다.

🌐 자유의 여신상은 미국의 자유만을 상징한다?

'자유의 여신상Statue of Liberty/Miss Liberty'의 정식 명칭은 '세계를 밝히는 자유Liberty Enlightening the World'이다. 높이가 45미터에 달하는 이 조각상은 알자스 출신의 조각가 프레데리크오귀스트 바르톨디Frédéric-Auguste Bartholdi(1834~1904)의 작품이다. 원래 자유의 여신상은 수에즈 운하에 설치될 예정이었으나, 해당 지역을 식민 통치하던 영국의 거부로 결국 미국으로 가게 된 것이었다. 이후 자유의 여신상은 1924년 미국의 국립 기념물로 지정되었고, 1984년에는 유네스코 세계문화유산으로 지정되었다. 뉴욕항 리버티 섬Liberty Island에 있는 이 거대한 조각상은 이제 미국뿐 아니라 전 세계 모든 사람에게 희망의 상징이 되어주고 있다.

🌐 '유니언 잭'은 잉글랜드의 국기이다?

유니언 잭Union Jack은 '그레이트 브리튼 북아일랜드 연합 왕국 United Kingdom of Great Britain and Northern Ireland', 즉 영국의 국기이다. 잉글랜드를 상징하는 깃발은 유니언 잭이 아니라 성 조지St. George라 불리는데, 흰색 바탕에 붉은 십자가가 그려져 있다. 참고로 유니언 잭은 파란색 바탕에 적 · 백 십자가가 그려진 형태인데, 이는 잉글랜드의 성 조지와 스코틀랜드의 국기인 성 앤드루[St. Andrew] 그리고 흰색 바탕에 적색 대각선이 그려진 아일랜드의 예전 국기 성 패트릭[St. Patrick]을 조합한 것이다.

🌐 영국의 왕가는 모두 영국 출신이다?

영국 왕실 구성원들은 대개 유럽 본토에서 건너간 이들이었다. 앵글로 · 색슨 왕조는 북독일과 덴마크 출신이었고, 노르만 왕조와 앙주-플란타지네트 왕가는 프랑스 출신이었다. 튜더 가문은 영국 출신이기는 하지만 잉글랜드인이 아니라 웨일스인들이었고, 그 뒤를 이은 스튜어트 왕조는 스코틀랜드 출신이었다. 1689년에는 네덜란드의 윌리엄 3세[William III](1650~1702)가 영국 왕좌에 올랐고, 1715년에는 브라운슈바이크-하노버 가문이 영국의 권좌를 차지했으며, 하노버 왕가의 마지막 군주인 빅토리아 여왕[Victoria](1819~1901)도 작센코부르크고타 공국의 알베르트 왕자[Albert of Sachen-Coburg-Gotha](1819~1961)와 혼인했다. 이후 1917년, 영국 왕실은 독일식 왕조 명칭을 버리고 영국식 이름인 '윈저[Windsor]'를 채택했다. 하지만 엘리자베스 2세와 결혼한 필립 마운트배튼[Philip Mountbatten](1921년 출생) 역시 순수 영국 혈통이 아니라 덴마크 왕가 출신이었다.

 남북전쟁은 노예 해방 때문에 일어난 전쟁이다?

미국 남북전쟁^{Civil War}의 근본적 원인은 노예 해방이 아니라 남부와 북부의 서로 다른 경제 구조였다. 농업 위주의 남부 연방주들이 자유로운 시장 경제를 원했던 반면 제조업이 발달한 북부 연방주들은 자신들이 생산한 공산품에 대해 관세를 매길 것을 요구했기 때문에 갈등이 첨예화된 것이었다. 이후 1860~1861년 겨울, 남부 연방주들은 독립을 선포했다. 막 선출된 에이브러햄 링컨^{Abraham Lincoln}(1809~ 1865)이 노예제를 폐지할까 두려워서가 아니었다. 그보다는 모든 정책이 북부 위주로 돌아가는 데 대한 불만의 표출로 봐야 한다. 나아가 남부 연방주들은 하원에서도 점점 의석을 잃으면서 소수파로 전락하고 있었는데, 이러한 위기감 때문에 결국 분리를 선언한 것이었다.

중국의 황제는 모두 정통 중국인이었다?

중국 역시 이방인의 지배를 받은 적이 있다. 몽골의 통치자들은 드넓은 중국 대륙에 원^元나라를 세우고 1271년부터 1368년까지 중국을 통치했다. 1616~1912년 사이에는 북방 민족인 만주족이 중국의 왕위를 점령했다. 청^淸 왕조의 마지막 황제인 푸이^{溥儀}(1906~ 1967) 역시 만주족 출신이었다. 참고로 만주족은 지금도 중국의 소수 민족 중 하나에 속한다.

변발은 중국 남성들의 전통적 헤어스타일이었다?

변발은 1645년, 만주족 지배자들이 한족漢族 피지배자들에게 강요하면서 본격적으로 시작된 헤어스타일이다. 만주족은 이를 통해 자신들과 한족을 구분하는 동시에 피지배자들에게 복종을 강요하려 한 것이었다. 그런데 1912년, 청나라가 무너진 이후부터는 사정이 달라졌다. 중국 귀족들이 변발을 억압과 통제의 상징으로 여기면서 기피한 것이다. 반면 일반 백성들은 그 후로도 약 250년 동안 변발을 고집했다고 한다.

부르셴샤프트와 여성의 노동

독일 국기의 세 가지 색상은 뤼트초프 의용대의 휘장에서 비롯된 것이다?

루트비히 뤼트초프^{Ludwig Lützow}(1782~1834)는 프로이센 출신의 장군으로, 나폴레옹에게 저항하는 대학생으로 구성된 의용대를 이끈 것으로 널리 알려져 있다. 그런데 지금의 독일 국기가 뤼트초프 의용대의 휘장에서 비롯된 것으로 알고 있는 이들이 많지만, 뤼트초프 의용대는 사실 아무 깃발도 사용하지 않았다. 현재의 독일 국기인 삼색기(흑색·적색·황금색)는 의용대의 깃발이 아니라 제복에서 비롯된 것이다. 당시 프로이센의 의용대원들은 검은색 재킷을 착용했는데, 주머니 덮개나 계급장 등은 적색이고 단추는 금색이었다. 이후 1818년에 조직된 '부르셴샤프트

Burschenschaft', 즉 독일대학생연합이 흑·적·금색을 그대로 계승하면서 해당 색상이 독일을 대표하는 색상들로 굳어졌다. 참고로 뤼트초프 의용대는 전쟁 중 프랑스 군대의 물자 수송을 방해하는 등 대활약을 펼쳤지만, 정전 협정이 체결된 이후 완전히 해체되었다. 한편, 당시 스물두 살로 의용대에 참가했던 테오도어 쾨르너Theodor Körner(1791~1813)는 뤼트초프를 찬양하는 애국적 시詩를 남기기도 했다.

'부르센샤프트'는 늘 보수적이었다?

'부르센샤프트'는 1814년, 나폴레옹에 저항하기 위해 대학생들이 결성한 단체로, 19세기 초반까지만 해도 매우 진보적인 성향을 지니고 있었다. 당시 부르센샤프트 회원들은 엘리트 계층의 기득권과 정책, 나아가 엘리트 계층 자체로부터의 해방을 원했고, 독일이 정치적으로 분열되어 있는 것도 탐탁지 않게 여겼으며, 군소 국가들의 지나친 국수주의도 타파하고 싶어 했다. 그런데 1817년 바르트부르크Wartburg에서 상징적 제전을 개최하고 나아가 독일을 경찰국가들로 구성된 연합국으로 만들겠다는 '카를스바트 결의안Carlsbad Decrees'을 통과시킨 이후부터는 부르센샤프트의 성향이 보수적으로 전환되었다.

엄밀히 따지자면 '비더마이어Biedermeier'는 특정 시대가 아니라 일정 기간 동안 유행했던 생활 양식을 가리키는 말이다. 한가로움과 여유로움이 비더마이어 양식의 가장 큰 특징인데, 이 양식이 유행했던 시기는 대략 1815년부터 1848년까지로, 부유한 고위 관리 가문을 중심으로 점점 더 널리 확산되었다. 하지만 1815년을 즈음해 정치에 불만을 느끼는 이들이 늘어났고, 사회 분위기에도 중대한 전환이 일었다. 산업화의 물결 앞에서 무기력감을 느끼는 이들이 급속도로 증가한 것이었다. 그중에서도 특히 공장에 다니거나 가내 수공업으로 입에 겨우 풀칠할 수밖에 없던 노동자들의 불만은 특히 더 빠른 속도로 불어났고, 1848년에는 결국 직조공들이 폭동을 일으켰다. 극작가이자 소설가인 게르하르트 하우프트만Gerhart Hauptmann(1862~1946)이 그 사건을 주제로 한 소설 《직조공들Die Weber》을 발표할 정도로 중대한 사건이었다. 그렇다고 비더마이어 양식이 부정적 결과만 불러온 것은 아니었다. 조건이 아닌 사랑에 의한 결혼, 아이에게 아이다울 권리를 부여하자는 생각 등은 모두 다 비더마이어 양식이 낳은 긍정적 문화였다.

1848년 5월, 프랑크푸르트 성 바울 교회$^{Sankt\ Pauluskirche}$에서 수백 명의 의원들이 모여 최초의 국민 의회를 개최했지만 결론 없는 탁상공론에 불과했고, 그로 인해 혁명의 업적들이 오히려 폄하되었다는 비난이 적지 않다. 하지만 회의가 개최되던 시점은 그해 3월에 있었던 유혈 혁명에 따른 국민들의 충격이나 기대감은 이미 잠잠해진 후였고, 그런 상황에서 국민 의회가 소집되었다는 것 자체만으로도 매우 의미 있는 일이었다. 또 폭력이 아닌 토론과 타협을 통해 각종 문제에 대한 해결책을 제시했다는 점에서도 큰 의미를 지닌다. 물론 그 대책들 중에는 실천에 옮기지 못한 것들이 대부분이지만, 그 역시 국민 의회의 미지근한 태도 때문이 아니라 프로이센과 바이에른 그리고 하노버 왕조의 강경한 거부 때문에 실현되지 못한 것이었다.

과거 여성들은 일을 하지 않았다?

여자들은 직접 노동 전선에 뛰어들 필요가 없고 남편이 아내를 먹여 살려야 한다는 생각은 비더마이어 풍조에서 비롯된 것이다. 그 이전까지는 모두 여성의 노동을 당연시해왔다. 여자들도 남자들과 마찬가지로 논밭과 마구간에서 열심히 땀을 흘렸고, 때로는 베틀과 씨름하기도 했으며, 가내 수공업에도 적극 참여했다. 거기에다 가사 노동과 자녀 양육까지 대부분 여성의 몫이었으니 따지고 보면 여자들의 노동량이 더 많았다고 할 수 있다. 그럼에도 불구하고 여성이 누릴 수 있는 권한은 많지 않았다. 하지만 비더마이어 풍조가 유행한 이후부터 일부 여성들은 쿠션에 자수나 놓으며 한가로운 시간을 보낼 수 있게 되었고, 그러면서 무직無職이 곧 부富의 상징이 되었다.

프리드리히 빌헬름 4세는 강경한 인물이었다?

1849년 3월, 국민 의회는 프로이센의 국왕 프리드리히 빌헬름 4세Friedrich Wilhelm IV(1795~1861)를 독일 제국의 황제로 추대했다. 그런데 "혁명의 쓰레기와 진흙탕으로 빚은 자리" 따위는 받아들이지 않겠다며 그는 의회의 제안을 거부했다. 그보다 더 교만한 발언은 있을 수 없었다. 하지만 비록 언행은 지나친 면이 있었을지 모르겠지만 프리드리히 빌헬름 4세는 뼛속까지 강경한 통치자는 아니었다. 실제로는 겁도 많고 변덕도 심했다. 러시아나 오스트리아의 절대 왕정과 싸워야 할 것이 두려워 황제 자리를 거부한 것이 아니냐는 의심도 그 때문에 대두된 것이다.

비스마르크와 빌헬름

1870년 7월, 프로이센 주재 프랑스 대사는 엠스^{Ems}에서 휴양 중이던 프로이센의 왕에게 나폴레옹 3세^{Napoléon III}(1808~1873)의 전보를 전달했다. 스페인의 왕위 계승권에 더 이상 관여하지 말아달라는 내용이었다. 하지만 비스마르크는 프랑스가 프로이센을 협박한 것처럼 전보 내용을 조작한 뒤 언론에 공개했고, 이를 본 프로이센 국민들의 분노는 극으로 치달았다. 그 때문에 프로이센이 프랑스에 전쟁을 선포했다고 생각하는 이들이 많은데, 사실은 그 반대였다. 조작된 내용을 보고 분노한 프랑스 국민들과 언론이 프로이센에 선전포고를 요구했고, 나폴레옹 3세가 그 요구를 받아들이면서 프랑스-프로이센 전쟁이 발발한 것이다. 그런데 실은 그 모든 과정이 비스마르크의 철저한 계산에 따른 것이라고 한다.

 비스마르크는 독일 제국의 애국자였다?

오토 폰 비스마르크Otto von Bismarck(1815~1898)의 관심사는 독일 제국이 아니라 오로지 프로이센뿐이었다. "프로이센의 야심 찬 정책에 독일 제국의 애국주의라는 지저분한 외투를 입힐 수 없다Es liegt mir fern, unsere Preußische und egoistische Politik mit dem räudigen Hermelin des Deutschen Patriotismus aufzuputzen"는 말을 남기기도 했다. 물론 전략적으로 필요하다 싶을 때면 독일인들의 애국심을 노련하게 부추겼다. 하지만 나중에는 자신이 선동한 감정들을 감당하지 못해 곤란을 겪기도 했다.

 빌헬름 1세는 위대한 통치자였다?

빌헬름 1세Wilhelm I(1797~1888)는 건장한 신체의 소유자였다. 그러나 정치적으로는 비스마르크의 꼭두각시에 불과했다. 간혹 빌헬름 1세 측에서 직접 정책을 제시한 적도 있지만, 비스마르크의 제지에 걸려 번번이 무산되고 말았다. 그럼에도 불구하고 국민들은 빌헬름 1세를 사랑했고, 손자인 빌헬름 2세Wilhelm II(1859~1941) 역시 할아버지를 기리기 위해 곳곳에 동상을 세웠다. 빌헬름 1세의 동상들은 지금도 라인 강과 모젤 강이 만나는 '독일의 모퉁이Deutsches Eck', 북서부의 작은 도시 포르타베스트팔리카Porta Westfalica, 중부의 키프호이저Kyffhäuser 등지에서 우뚝 솟은 위용을 자랑하고 있다.

독일 제국의 황제들은 대관식 때 황관을 썼다?

호엔촐레른 왕가의 빌헬름 1세는 1871년, 독일 제국의 황제 자리에 올랐다. 하지만 즉위식 때 황관을 쓰지는 않았다. 옛 황관의 모양을 본뜬 독수리와 프로이센의 상징물들이 새겨진 황관이 하나 있기는 했다. 이후 그 황관이 새겨진 동전도 등장했고, 황관 모양으로 장식한 건축물들도 탄생했지만, 호엔촐레른 가문 출신의 황제들이 대관식 때 황관을 썼다는 기록은 어디에도 남아 있지 않다.

독일 제국의 군비 지출이 나머지 유럽 국가를 모두 합한 것보다 많았다?

독일 제국의 군비 지출은 국가 전체 예산의 36퍼센트 정도로, 러시아나 프랑스와 비슷한 수준이었다. 영국이 오히려 전체 예산의 50퍼센트로, 군비 지출 분야에서 유럽 최고를 기록했다. 뿐만 아니라 독일 제국은 그 당시 다른 유럽 국가들과는 달리 제1차 세계대전 발발 전까지 최소한 유럽 안에서는 그 어떤 전쟁도 일으키지 않았다(아프리카 등지에서는 식민지 확보를 위한 전쟁을 치렀음).

빌헬름 2세는 군국주의자였다?

빌헬름 2세는 금방이라도 침략할 것처럼 협박하거나 허세 부리기를 좋아했을 뿐, 군국주의자는 아니었다. 위기 시 책임자들을 불러놓고 평화적으로 해결책을 모색하곤 했다. 제1차 대전 발발 사흘 전에도 빌헬름 2세는 협상으로 문제를 해결하고자 했다. 하지만 황제의 성향을 잘 알고 있던 정부 각료들과 군부는 빌헬름 2세가 노르웨이로 순방을 간 사이에 전쟁 준비를 끝냈다.

독일 제국의 경제 정책은 실패작이었다?

1850년부터 1913년 사이에 독일 경제는 800퍼센트 이상 성장하며, 영국과 프랑스를 제치고 미국에 이어 세계 제2의 경제 대국으로 부상했다. 화학과 전자 공학 분야에서도 세계 최고로 우뚝 섰다. 참고로 당시 식민지를 개척해야 독일 경제가 부흥할 수 있다는 의견이 여기저기에서 제시되었지만, 비스마르크는 식민지를 귀찮은 무언가로 인식했다. 식민지 방어에 지나치게 많은 힘과 경제력이 투입될 것을 염려한 것이었다.

사라예보와 베르

🔫 세르비아 정부가 페르디난트 대공을 암살했다?

1914년 6월 28일, 오스트리아의 프란츠 페르디난트^{Franz Ferdinand}
(1863~1914) 대공이 세르비아계 보스니아 청년 가브릴로 프린치
프^{Gavrilo Princip}(1894~1918)가 쏜 총에 맞아 숨졌다. 대공 암살을
모의한 인물은 그 외에도 다섯 명이 더 있었는데, 프린치프와 마
찬가지로 모두 세르비아계 보스니아인에 이슬람교 신자들이었
다. 암살에 사용한 무기들은 베오그라드의 한 장교로부터 구했다
고 한다. 하지만 세르비아 정부가 암살에 가담했다는 증거는 당
시에도 찾지 못했고 오늘날까지도 발견되지 않았다. '검은 손^{Crna}
^{ruka}'이라는 비밀 결사 단체의 가담 여부도 확인되지 않았다.

영국의 전前 총리 데이비드 로이드 조지David Lloyd George(1863 ~1945)는 "각 국가들은 우려도 경악도 하지 않은 채 전쟁의 용광로 안으로 미끄러져 들어갔다The nations slithered over the brink into the boiling cauldron of war without any trace of apprehension or dismay"라고 말했다. 제1차 대전 참전국 중 의도적으로 전쟁을 시작한 나라는 하나도 없고, 전쟁에 대한 책임이 독일뿐 아니라 모든 나라에 있다는 뜻이었다. 하지만 제1차 대전에 대한 독일의 책임은 조지 총리가 생각하는 것보다 훨씬 무거웠다. 당시 독일은 오스트리아에 열강들이 전쟁에 뛰어들 위험을 감수하면서라도 세르비아를 침공할 것을 강요했고, 기타 강대국들의 협상 루트도 차단했으며, 나아가 러시아와 프랑스에 선전 포고까지 했다.

독일은 처음부터 세계대전을 원했다?

1961년, 독일의 역사학자 프리츠 피셔Fritz Fischer(1908~1999)는 독일이 처음부터 세계대전을 일으킬 작정이었다고 주장했다. 하지만 피셔의 주장은 지나친 면이 없지 않다. 각종 사료들에 따르면 1916년경을 즈음해 독일 정부는 고민에 빠졌다고 한다. 러시아와 프랑스가 군비만 개선되면 곧바로 전쟁을 개시할 것을 걱정한 것이었다. 그렇게 볼 때 오스트리아-세르비아 전쟁은 세계

대전으로 가는 발판이 아니라 러시아의 태도를 타진해보기 위한 일종의 실험 무대였다고 할 수 있다. 즉 오스트리아가 세르비아를 침공할 경우 러시아가 일단 상황을 지켜볼지 즉시 전쟁에 뛰어들지를 살펴보고 싶어 했던 것이다.

독일 국민들은 모두 전쟁을 원했다?

1914년 7월 24일, 즉 제1차 대전이 발발하던 날까지도 독일 국민들은 상황이 어떻게 돌아가는지 잘 몰랐다. 이후에도 한동안 공포감과 긴장감만 감돌았을 뿐이다. 일각에서는 자국의 이익을 최우선으로 여겨야 한다는 내용의 성명들이 발표되었지만, 7월 28일에는 대규모 반전 시위가 개최되기도 했다. 그러자 며칠에 걸쳐 독일 정부는 독일은 어디까지나 호전적인 러시아의 희생양일 뿐이라는 점을 국민들에게 세뇌시켰고, 그러면서 상황이 반전되었다. 하지만 전쟁 선포식 당시의 사진을 보더라도 환호성을 지르는 이들은 그리 많지 않다.

슐리펜 작전은 벨기에의 거부 때문에 수포로 돌아갔다?

제1차 대전 당시 독일군 참모총장이었던 알프레트 폰 슐리펜 Alfred von Schlieffen(1833~1913)은 러시아가 참전하기 전에 재빨리

프랑스를 함락하겠다는 작전을 세웠다. '슐리펜 작전' 혹은 '슐리펜 계획Schlieffen-Plan'이라고도 불리는 작전이 바로 그것인데, 슐리펜 장군은 벨기에 북부에 병력을 대거 집중시킨 뒤 프랑스로 쳐들어가려 했다. 하지만 이 작전은 수포로 돌아가고 말았다. 당시 중립국이었던 벨기에가 독일군이 자신들의 영토를 통과하는 것을 반대하는 바람에 작전이 실패했다고 알려져 있지만, 실은 러시아 때문이었다. 즉 슐리펜의 계획을 이미 간파한 러시아가 혹시 모를 사태를 대비해 군대 동원령을 내리면서 작전에 제동이 걸린 것이다. 이후 1914년 7월 30일, 러시아가 결국 전쟁에 뛰어들자 독일은 그 즉시 프랑스를 침공하는 것 이외에 다른 선택을 할 수 없게 되었다. 실제로 그해 8월 2일, 독일은 프랑스를 침공했는데, 그때에도 독일 정부는 프랑스가 뉘른베르크를 공습했기 때문에 우리도 거기에 대응하는 것뿐이라며 국민들을 속였다.

베르 전투의 희생자 대부분이 독일 병사들이었다?

1916년 봄, 베르Verdun에서 치러진 전투는 제1차 대전 전투들 중에서도 특히 더 치열하고 격렬했던 전투로 알려져 있다. 그런데 베르 전투의 전사자 대부분이 독일군이라는 말은 잘못된 것이다. 당시 총 30만 명이 목숨을 잃었는데, 그중 절반이 독일군이었고 절반은 프랑스군이었다. 참고로 1914년 가을에 치러진 이프르Ypres 전투와 랑게마르크Langemark 전투도 수많은 전사자를 낳은 전투로 기억되고 있다. 당시 군사 훈련 경험이 없는 용병들이 대거 전투에 참가하는 바람에 희생자가 더 늘어났다고 한다. 반면 에리히 루덴도르프Erich Ludendorff(1865~1937) 장군이 이끌었던 1918년의 마지막 대반격에서도 수십만이 목숨을 잃었지만, 어찌 된 일인지 이 전투는 사람들의 기억 속에서 사라졌다. 한편, 제1차 대전 전체에 걸친 희생자 수는 군인이 약 850만, 민간인이 150만 명이었다고 한다.

제1차 대전 당시 독일 병사들은 정수리에 뾰족한 검이 박혀 있는 모자를 썼다?

'피켈하우베Pickelhaube'라 불리는, 정수리에 뾰족한 검이 박혀 있는 투구는 1842년 프로이센에서 처음 등장한 것으로, 소재는 압착 가죽과 금속이었다. 러시아와 미국에서도 똑같은 모양의 모자를 사용했다. 그런데 제1차 대전의 주요 무기는 검이 아니라 총포였고, 이에 따라 군모도 가죽이나 금속보다 견고한 소재로 제작해야 해1916년, 결국 철모Stahlhelm가 그 투구를 대체하게 되었다. 하지만 이후에도 일부 경찰관이나 소방관들은 피켈하우베를 썼다.

전쟁과 혁명

 제1차 대전 당시 독일만 국제법을 위반했다?

1915년 5월 17일, 아일랜드 남쪽 해안에서 루시타니아^{RMS} ^{Lusitania}호가 독일 해군에 의해 침몰되었다. 그러자 미국과 영국은 명백한 국제법 위반이라며 독일을 향해 맹비난을 퍼부었다. 전쟁 중이라 해도 모든 승객이 구명보트를 이용해 피신하기 전까지는 잠수함이 상선을 공격할 수 없다는 조항을 독일이 위반했다는 것이다. 그런데 당시 영국 상선들 중에는 대포를 장착한 배들도 많아서 상선인지 군함인지 구분이 가지 않는 경우가 많았고, 나아가 그 당시 국제법을 위반한 것이 비단 독일만은 아니었다. 제1차 대전 발발 이후 영국은 독일에 대해 해안 봉쇄령을 내렸는데, 국제법에 따르면 군수 물자를 실은 배는 영국으로 입항할 수 없었지만 식량이나 민간인을 실은 선박들에 대해서는 출입을 허가해주어야 했다. 하지만 두 나라 모두 국제법을 엄격하게 준수할 마음이 없었다. 독일은 닥치는 대로 선박을 침몰시켰고, 영국은 자국의 해안을 완전히 봉쇄해버린 것이다.

✊ 제1차 대전 당시 독일 전함들은 큰 활약을 펼쳤다?

독일은 거금을 들여 전함을 구축했지만, 정작 그 군함들은 전투에는 거의 투입되지 않았다. 막강한 영국 해군과 전면전을 벌였다가는 제대로 싸워보지도 못하고 값비싼 배들만 파손될 확률이 높기 때문이었다. 참고로 독일 함대들은 의외의 분야에서 대활약을 펼쳤다. 1918년 11월, 패전을 눈앞에 두고 있던 상황에서 수병들에게 갑자기 출격 명령이 떨어졌다. 패할 것이 분명함에도 불구하고 대양 함대의 명예를 위해 나가서 싸우라는 것이었다. 그러자 수병들은 항명 운동을 벌였고, 그것이 결국 독일 사회 전체를 뒤흔든 대규모 봉기로 이어졌다.

✊ '순무 겨울'은 해양 봉쇄령 때문에 일어난 사태였다?

'순무 겨울Steckrübenwinter'은 1916년에서 1917년으로 넘어가던 겨울, 수많은 독일인들의 목숨을 앗아간 기근 사태를 가리키는 말이다. 그런데 당시 독일에 먹을 것이 바닥난 이유가 영국의 해양 봉쇄령 때문만은 아니었다. 나라 안 모든 노동력과 경제력을 군비 확충에만 집중했던 것이 더 큰 이유였다. 게다가 그해 감자 농사도 최악의 흉작을 기록했다. 그 모든 이유들이 쌓이면서 결국 제1차 대전 기간 동안에만 75만에 달하는 독일인들이 굶어 죽는 참극이 벌어지고 만 것이다.

 독일은 국내 좌파 세력의 시위 때문에 전쟁에서 패했다?

전쟁이 끝나자 독일 내 우익 세력들은 패전의 원인을 좌파에게 돌리려 했다. 이른바 '등 뒤의 칼Dolchstoß'이라는 이론이 그것인데, 독일이 제1차 대전에서 패한 이유가 좌파 세력이 등 뒤에서 칼을 들이댔기 때문이라는 것이다. 1918년 9월 29일, 독일군 참모총장 루덴도르프는 주요 인사들로 구성된 비밀 회담에서 즉각 정전 협상에 응하고 좌파 세력으로 내각을 구성하자고 제안했다. 독일 군대는 승승장구를 거듭하고 있었는데 좌파 정부가 어이없게도 정전 협상에 응한 것처럼 꾸미려는 것이었다. 이후 루덴도르프는 정전 협상의 독일 측 책임자인 마티아스 에르츠베르거Matthias Erzberger(1875~1921)에게 협상 서류에 무조건 서명하라는 지시도 내렸다. 그런데 사실 좌파 세력의 시위는 그 이전이 아니라 그 이후에 시작된 것이다. 11월 3일, 킬Kiel의 수병들이 의미

없는 출격 명령에 불복하면서 일으킨 반란이 기폭제가 되어 전국으로 시위가 확대되게 되었다.

노동자평의회와 병사평의회에서는 직접 민주제를 원했다?

사회민주당과 공산당의 요구에 따라 11월 혁명 기간 동안 노동자평의회Arbeiterräte와 병사평의회Soldatenräte가 선출되었다. 이후 1918년 12월 16일, 이 두 평의회는 의원 회의를 소집했는데, 그 자리에서 절반 이상이 직접 민주제가 아닌 간접 민주제, 즉 의회 민주주의에 찬성했다. 참고로 당시 공산당평의회는 회의에 참석하지 않았다.

스파르타쿠스단은 사회민주당이 조직한 단체였다?

'스파르타쿠스단Spartakusbund'은 사회민주당SPD 내의 반대파들이 모여 결성한 극좌파 동맹으로, 프리드리히 에베르트Friedrich Ebert(1871~1925)가 이끄는 임시 정부를 강력히 비판했다. 에베르트 정부는 1918년 11월 10일 베를린에서 출범했는데, 스파르타쿠스단 회원들은 에베르트 총리가 기득권과 손잡고 혁명을 방해한다며 비난했고, 이후 정부와 극좌파 사이의 갈등은 날이 갈수록 첨예화되었다. 그러던 중 1919년 1월, 스파르타쿠스단은 대대적인 반란을 벌였지만 실패로 돌아갔고, 에베르트 정부는 우익 의용군과 왕당파를 동원해 스파르타쿠스단의 창립자인 로자 룩셈부르크^{Rosa Luxemburg}(1871~1919)와 카를 리프크네히트^{Karl Liebknecht}(1871~1919)를 체포한 뒤 살해했다.

 ## 제1 · 2차 세계대전은 20세기 최악의 재앙이었다?

희생자 수로만 따지면 제1차 대전보다 1918~1920년 사이에 스페인에서 유행한 독감이 더 큰 재앙이었다. 당시 독감으로 인한 사망자 수는 최소 2200만 명으로 추정되는데, 이는 제1차 대전 희생자의 두 배에 달하는 수치였다. 단, 제2차 대전의 희생자는 그보다 훨씬 더 많아 전 세계적으로 6000만 명 정도가 목숨을 잃었다. 한편, 스페인에서 유행한 독감의 최초 발견지는 스페인이었지만 최초 발발지는 북미 지역이었던 것으로 추정된다. 참고로 해당 독감은 근대사 최악의 독감으로 평가된다고 한다.

인플레이션과 황금기

바이마르 공화국의 역사는 1918년 11월 9일에 필리프 샤이데만Philipp Scheidemann(1865~1939)이 베를린에서 건국을 선포하면서 시작되었다. 하지만 그 이듬해의 제헌 국민 의회verfassungsgebende Nationalversammlung는 소요 사태가 잦았던 베를린을 피해 바이마르에서 개최되었고, 그러면서 '바이마르 공화국'이라는 이름이 붙었다. 참고로 독일 최초의 민주주의 헌법인 '바이마르 헌법Weimarer Verfassung'은 1919년 8월 11일에 발효되었다.

승전국들이 요구한 배상금을 지불하느라 바이마르 공화국의 재정이 파탄 지경에 이르렀던 것은 사실이다. 하지만 인플레이션의 근본 원인은 다른 곳에 있었다. 1923년 1월, 독일 정부는 배상금 지불을 연체했고, 그러자 프랑스가 루르 지역을 점령해버렸다. 이에 독일 국민들은 소극적인 저항 정책을 취했는데, 독일 정부도 어느 정도 지원했다. 그 과정에서 정부는 점점 더 많은 화폐를 발행했고, 인플레이션은 바로 그 때문에 일어난 것이었다. 사태가 점점 극으로 치닫자 1923년 9월 이제 막 제국 총리 자리에 오른 구스타프 슈트레제만$^{Gustav Stresemann}$(1878~1929)은 소극적 저항 정책을 포기하기로 결정했다. 이후 11월 중순 무렵에는 새로운 통화 단위인 '렌텐마르크^{Rentenmark}'가 도입되었고, 그러면서 인플레이션 사태도 마무리되었다.

전후 배상금 때문에 실업률이 높아졌다?

1925년 이후 공화정 체제하에 사회가 안정되어가는 듯했다. 배상금 문제와 인플레이션 위기도 극복했고, 미국이 제공한 거액의 차관 덕분에 산업도 급속도로 현대화되었다. 독일이 생산한 공산품들이 전체 세계 시장의 11.6퍼센트를 차지했는데, 이는 전

쟁 이전보다 3퍼센트밖에 뒤지지 않는 수치였다. 하지만 1929
년, 전 세계적으로 경제 위기가 닥치면서 독일 산업계에도 불황
이 몰아쳐 이제 막 일어나기 시작한 독일 경제는 대공황에 효과
적으로 대처할 수 없었다. 대량 실업 사태는 바로 그 때문에 일어
난 것이다.

1920년대는 황금기였다?

많은 이들이 1920년대를 가리켜 '황금시대' 혹은 '황금기^{Golden}
$^{Age'}$라 부르지만, 대다수 국민들에게 있어 그 시기는 결코 황금
기가 아니었다. 독일 경제가 비교적 호황을 누렸던 1925~1929
년 사이에도 국민들 대부분은 생존을 위해 고된 노동에 시달려야
했다. 물론 그 반대쪽에는 1920년대를 황금기로 인식하는 이들
도 있었다. 인플레이션으로 인해 큰 이익을 본 신흥 부자들, 예술
가 그리고 지식인 계층이 그들이었다. 인플레이션 덕분에 큰돈을
번 신흥 부자들은 그야말로 돈을 물 쓰듯이 쓸 수 있었고, 예술가
와 지식인 계층은 그 어느 때보다 더 큰 자유를 누렸다. 그러면서
베를린의 밤 문화가 황금기를 맞이했고, 예술과 학문도 절정기를
맞이했다.

바이마르 공화국이 전후 배상금 문제와 인플레이션 그리고 대공황 때문에 큰 위기를 겪은 것은 사실이다. 하지만 몰락의 배경에는 그보다 더 큰 원인이 숨어 있었다. 바이마르 공화국에서 고위 정치가가 된다는 것은 제 손으로 제 무덤을 파는 행위나 다름없었다. 집권을 했다 하더라도 다음 선거 때에는 어김없이 야당에 자리를 빼앗겨야 했고, 마티아스 에르츠베르거Matthias Erzberger(1875~1921)와 발터 라테나우Walther Rathenau(1867~1922) 등 몇몇 정치가들은 정적들에 의해 암살당하기까지 했다. 사실 그 당시 대두된 경제적·사회적 문제들은 모두가 합심해도 풀 수 있을까 말까 할 정도로 심각한 것들이었다. 그럼에도 불구하고 정치가들은 사회의 안정보다는 세력 다툼에 더 급급했다. 그런 가운데 나치당이 집권당이 되고 히틀러가 총통이 되면서 바이마르 공화국은 결국 붕괴되고 말았다.

제1차 대전 종전 후 연합국 측이 원래 요구한 전후 배상금은 2260억 골트마르크Goldmark였다. 하지만 실제로 독일이 지불한 액수는 213억 골트마르크밖에 되지 않았다. 즉 전후 배상금 때문에 바이마르 공화국의 재정이 파탄에 빠졌다고 주장하기에는 무리가 있다. 한편, 독일인들은 전후 배상금을 지불해야 하는 이유 자체를 이해하지 못했다고 한다. 제1차 대전이 자신들이 아니라 연합국 측이 먼저 시작한 전쟁이라고 굳게 믿었던 것이다.

바이마르 공화국의 정치가들은 전후 배상금 문제를 해결할 능력이 없었다?

물론 초반에는 답이 없는 듯했다. 막대한 배상금을 지불하지 않으려면 다시 전쟁을 일으키는 수밖에 없었는데, 그러기에는 군비가 턱없이 부족했다. 하지만 각종 협상 채널을 동원하는 과정에서 원래 2260억 골트마르크였던 배상금 액수가 점점 줄어들었고, 하인리히 브뤼닝Heinrich Brüring(1885~1970) 총리는 결국 배상금 문제를 조기에 해결하는 데 성공했다. 그런데 배상금 문제가 조기에 해결된 덕분에 이익을 본 사람은 결과적으로 히틀러뿐이었다고 한다.

히틀러와 아우토반

아돌프 히틀러는 몇 년 동안 철창신세를 져야 했다?

1923년 11월, 아돌프 히틀러^{Adolf Hitler}(1889~1945)는 뮌헨에서 반란을 일으키다가 체포되어 5년형을 선고받았다. 하지만 실제로 란츠베르크^{Landsberg} 감옥에서 보낸 기간은 8개월밖에 되지 않았고, 수감 조건도 나쁘지 않았다. 감옥 내에서는 어디든 자유롭게 돌아다닐 수 있었고, 동료 수감자들과도 자주 만났으며, 심지어 책도 쓸 수 있었다. 그때 저술한 작품이 바로《나의 투쟁^{Mein Kampf}》이다. 뿐만 아니라 뉴스를 통해 나치 당원들의 행적도 모두 추적할 수 있었다고 한다.

나치^{NSDAP}가 33.1퍼센트라는 높은 지지율로 제1정당이 된 것은 맞지만, 과반수가 히틀러를 지지한 것은 아니었다. 이후 1932년 11월에 열린 선거들에서는 나치의 지지율이 오히려 더 떨어졌다. 그러자 히틀러는 정권을 장악한 뒤인 1933년 3월 다시 선거를 치렀지만, 그 선거에서도 나치는 44.1퍼센트의 지지율밖에 기록하지 못했다. 즉 과반수에 못 미친 것이다. 한편, 히틀러는 국가인민당^{DNVP}을 제외한 나머지 모든 정당을 탄압했는데, 그 덕분에 제국 의회의 동의 없이도 총통이 독단적으로 법을 선포할 수 있다는 내용의 법, 즉 전권위임법^{Ermächtigungsgesetz}을 일사천리로 통과시킬 수 있었다.

나치 덕분에 독일 경제가 되살아났다?

경기는 1932년 가을부터 이미 호전되기 시작했다. 바이마르 공화국의 마지막 총리 쿠르트 폰 슐라이허^{Kurt von Schleicher} (1882~1934)가 고용 안정 대책을 실행하기 위해 대출받은 자금도 그대로 남아 있었고, 전후 배상금 문제는 브뤼닝 총리가 말끔히 해결해놓은 터였다. 히틀러 휘하의 경제 정책 담당관들은 그러한 상황들을 자신들에게 유리하게 활용했을 뿐이다. 한편, 히틀러 집권 당시 경제 장관을 역임한 마르 샤흐트^{Hjalmar}

Schacht(1877~1970)의 진술에 따르면, 히틀러는 경제 문제에 있어 문외한이었다고 한다.

'제3제국'은 경제 강국이었다?

나치가 이끈 제3제국은 이렇다 할 경제 정책조차 내놓지 않았다. 그럼에도 불구하고 경제가 호전되고 대량 실업 사태가 해결된 것은 건축과 군사 분야에서 대규모 프로젝트들이 진행된 덕분이었다. 나치 정권은 제국 은행에서 대출받은 자금으로 건물 신축과 군비 증강에 필요한 자금을 충당했고, 그와 동시에 국민들에게는 허리띠를 졸라맬 것을 강요했다. 하지만 시간이 지나면서 국가 부채는 눈덩이처럼 불어났고, 그러자 나치 정권은 전쟁에서 이기기만 하면 패전국들이 지불하는 전후 배상금으로 얼마든지 부채를 청산할 수 있다며 국민들을 안심시켰다.

'아우토반' 건설은 히틀러의 아이디어였다?

히틀러가 집권할 당시 이미 초기 형태의 아우토반Autobahn, 즉 고속 도로가 몇몇 군데에 건설되어 있었다. 베를린 남부의 고속차 전용 도로는 1921년에 완공되었고, 켐니츠Chemnitz의 순환 도로는 1929년에, 쾰른과 본을 잇는 아우토반은 1932년에 완공되었다. 총 연장 1만 킬로미터에 달하는 고속 도로망을 조성하겠다는 계획도 이미 밑그림이 완성된 상황이었고, 히틀러는 그 밑그림들을 실천에 옮긴 것뿐이었다. 물론 그 과정에서 히틀러는 모든 것이 마치 자신의 업적인 것처럼 선전했다.

히틀러는 사유 재산을 축적하지 않았다?

히틀러는 정권을 장악한 뒤 자신은 《나의 투쟁》에서 지급되는 인세印稅만으로도 충분히 먹고살 수 있으니 제국 총통 직 수행에 따른 보수는 일체 받지 않겠다는 소문을 퍼뜨렸다. 하지만 실제 히틀러의 삶은 소박함과는 거리가 멀었다. 히틀러는 제국 총통 직을 수행하는 대가로 거액을 수령했고, 납세 의무는 지키지 않았으며, 자신의 얼굴이 들어간 우표에 대해서도 초상권 사용료를 요구했다. 초상권 사용료로 벌어들인 수입 대부분은 오버잘츠베르크Obersalzberg의 별장을 짓는 데 썼는데, 이 별장은 히틀러가 시간 날 때마다 들러 수개월씩 머무르던 곳이다.

나치 시절, 서민들의 삶은 눈에 띄게 개선되었다?

나치의 대대적인 일자리 마련 프로젝트 덕분에 실업률이 낮아진 것은 사실이다. 하지만 그 덕분에 서민들의 삶이 바이마르 공화국 때보다 훨씬 더 나아졌다고 말할 수는 없다. 노동자들의 월급이 줄어들었기 때문이다. 예컨대 숙련공의 1933년도 월급은 1929년에 비해 4분의 1이나 줄어들었고, 사무직의 월급이나 연금, 농민들의 수입 역시 바이마르 공화국 시절보다 낮았다. 그뿐 아니라 노동 시장에서 여성을 계획적으로 몰아내는 바람에 대부분의 가정이 남편 혼자 벌어들이는 수입으로 생활을 꾸려나가야 했다. 다행히 소시민들이 납부해야 할 세금은 인상되지 않았지만, 그것만으로는 나치 시절이 바이마르 공화국 시절보다 더 살기 좋았다고 말할 수 없다.

어머니날과 아리아인

'제3제국'이라는 국호는 나치가 만들어낸 것이다?

'제3제국^{Drittes Reich}'이라는 국호의 초석은 바이마르 공화국 시절의 철학자 요아힘 폰 피오레스^{Joachim von Fiores}(1130~1202년경)가 마련했다. 당시 피오레스는 '세 개의 제국론'을 주장했는데, 성부^{聖父}가 창조한 구약 시대의 제국과 성자^{聖子}가 다녀간 신약 시대의 제국 그리고 성령^{聖靈}이 건국할 구원 제국이 세 개의 제국이었다. 나치의 선동 전문가들은 피오레스 이론을 자신들의 목적에 맞게 재단하여, 신성 로마 제국이 제1제국이요 비스마르크의 프로이센이 제2제국이며 히틀러의 독일이 제3제국이라고 선전했다. 하지만 제3제국이라는 국호가 실제로 널리 사용되지는 않았다. 나치 수뇌부들이 '제3'이라는 수식어를 뺀 채 그냥 '제국'이라

부르는 편을 더 좋아했기 때문이다. 하지만 1945년 이후 많은 이들이 다시 사용하기 시작하면서 지금은 '제3제국'이라 하면 으레 나치 시절을 가리키는 말이 되었다.

나치는 국민들 모두에게 나치 입당을 강요했다?

1933년 3월, 일련의 선거를 치른 이후 사상범들에 대한 대대적인 탄압이 시작되었다. 그러자 너도나도 앞다투어 국가사회주의노동자당^{NSDAP}, 즉 나치에 가입하려 해 당원 수가 단 몇 주 만에 160만 명 이상 늘어날 정도였다. 이에 나치는 그해 5월 2일, 더 이상 당원을 받아들이지 않겠다고 선포했고, 1939년까지는 그 약속을 준수했다. 단, 혁혁한 공을 세운 이들에게는 특별히 정당 가입을 허용해주었고, 1937년에는 공무원의 정당 가입을 의무화하기도 했다.

'게슈타포'가 '슈타지'보다 더 거대했다?

'게슈타포^{Gestapo}'는 나치 정권하의 비밀경찰이고, '슈타지^{Stasi}'는 동독의 국가보안부이다. 게슈타포는 총 3만2000명가량이었는데, 그중 고정적으로 보수를 받는 정식 직원의 수는 그보다 훨씬 더 적었다. 반면 슈타지는 공식 직원만 9만1000명에 달했고,

'비정규직'은 17만 5000명으로 그보다 훨씬 더 많았다. 동독의 면적이 제3제국보다 훨씬 작았던 점을 감안하면 슈타지는 그야 말로 거대한 조직이었던 것이다. 한편, 나치 시절 모두들 게슈타 포라는 말만 들어도 벌벌 떨었던 이유는 암암리에 활약하는 '자 원봉사자'들, 즉 자발적 제보자들 때문이었다. 실제로 게슈타포로 흘러들어간 첩보들 대부분이 민간인의 제보에 따른 것들이었다 고 한다.

호르스트 베셀은 나치의 고위 간부였다?

호르스트 베셀Horst Wessel(1907~1930)은 나치의 당가^{黨歌}였던 〈깃발을 높이 들어라Die Fahne hoch〉를 작곡한 인물이다. 때문에 베셀이 나치의 고위 간부였다고 생각하는 이들이 많은데, 사실은 나치 돌격대^{SA}의 하급 구성원에 지나지 않았다. 그런데 1930년, 베셀이 청부 살인 업자들이 쏜 총에 맞았다. 게다가 동료들이 응 급 상황에서 시간을 지체하는 바람에 병원에 도착한 뒤 결국 패 혈증으로 숨졌다. 그러자 나치의 선전부장 요제프 괴벨스Joseph Goebbels(1897~1945)는 공산주의자였던 베셀의 장례식을 정치적 선전의 기회로 이용했다. 베셀을 순교자로 둔갑시키고, 베셀이 작 곡한 노래를 당가로 지정한 것이었다.

아리아인과 게르만족은 같은 말이다?

나치는 아리아인^{Aryan}만이 지배 계급 인종임을 누누이 강조했고, 그 때문에 아리아인과 게르만족이 같은 말이라고 생각하는 이들이 많다. 하지만 두 민족은 엄연히 다르다. 참고로 아리아족은 인도유럽 어족에 속하는 민족으로, 해당 어족에는 이란과 인도 사람들 대부분이 포함된다. 그런데 나치 시절 아리아어를 사용했던 이들, 즉 '진짜 아리아인'은 공교롭게도 나치가 그토록 박해했던 집시들뿐이었다고 한다.

 ## 어머니날은 나치가 만들어낸 날이다?

어머니날^{Muttertag}은 영국에서 시작된 것이다. 1914년에는 미국도 매년 5월 둘째 주 일요일을 어머니날이자 공휴일로 지정했다. 독일에서는 1922년 '독일 꽃가게 소유주 연합'의 주도하에 어머니날이 도입되었다. 하지만 어머니날을 기념하는 문화가 국민들 사이에 널리 퍼진 것은 나치 집권 이후부터였다.

반유대주의와 홀로코스트

 반유대주의는 모든 셈족을 대상으로 했다?

반유대주의anti-Semitism는 정확히 말하면 '셈족 배척 운동'이다. 19세기에 조제프 아르투르 드 고비노Joseph Arthur de Gobineau(1816~1882)와 휴스턴 스튜어트 체임벌린Houston Stewart Chamberlain(1855~1927) 등 몇몇 인종주의자들이 셈족Semite이 열등하다는 이론을 제시하면서 시작된 운동이기 때문이다. 그런데 셈족에는 아라비아인이나 몰타인Maltese이 포함됨에도 불구하고 셈족 배척 운동은 처음부터 유대인들만 겨냥했고, 그 당시 대두된 각종 인종주의 이론들도 대부분 유대교도들만을 공격 대상으로 삼았다.

'수정水晶의 밤Kristallnacht'은 1938년 11월 9일 밤, 나치의 돌격대SA와 친위대SS가 유대인들의 주택과 상점, 교회 등을 습격한 사건이다. 당시 폭동 책임자들은 유대인들에 대한 독일 국민들의 분노가 누적되어 그렇게라도 풀어야만 했다는 황당한 변명을 늘어놓았다. 그런데 1980년대 이후 '수정의 밤'이라는 말이 당시의 잔인했던 참상을 제대로 표현하지 못한다 해서 '대학살의 밤Pogromnacht'이라는 말로 대체되었다. 즉 수정의 밤과 대학살의 밤은 같은 사건을 가리키는 표현이다. 참고로 러시아어로 '포그롬погром'은 특정 인종이나 종교 집단을 무력으로 탄압하거나 학살하는 행위를 의미한다고 한다.

 유대인 말살 정책은 '반제 회의'에서 결의된 것이다?

유대인을 대학살하라는 내용의 공식적 결의는 어디에서도 내려지지 않았다. 히틀러가 수차례에 걸쳐 유대인 말살을 거론하자 나치 간부들이 총통의 소원을 실천에 옮긴 것뿐이었고, 반제 회의Wannsee Conference는 독일군 주둔지에 거주하던 유대인 37만 명이 이미 목숨을 잃은 뒤에 개최되었다. 단, 1942년 1월 20일, 라인하르트 하이드리히Reinhard Heydrich(1904~1942)의 주도하에 개최된 그 회의에서 또 다른 '프로젝트'들이 결의되었다. 그럼에도 불구하고 많은 이들이 반제 회의에서 유대인 말살 정책이 처음 결의되었다고 착각하는 이유는 대학살의 잔혹함과 비인간적인 면모가 반제 회의록에 그 어떤 자료보다 더 생생하게 기록되어 있기 때문인 것으로 추정된다.

 '홀로코스트'는 원래 뜻도 '유대인 대학살'이다?

'홀로코스트^{Holocaust}'라는 표현이 널리 퍼지게 된 계기는 1979년 미국의 한 방송사가 제작한 감동적 TV 시리즈물 때문이었다. 이 프로그램의 제목이 홀로코스트였던 것. 홀로코스트는 원래 '불에 의해 희생된'이라는 뜻의 그리스어로, 구약 성경 레위기에 나오는 제사를 그리스어로 번역한 말이다. 하지만 미국에서는 1979년 이전부터 이미 홀로코스트라는 말이 인종 대학살을 가리키는 말로 자주 사용되었다. 참고로 유대인들은 홀로코스트라는 말 대신 '파괴'를 뜻하는 '쇼아^{Shoah}'를 사용한다고 한다.

 강제 수용소에서 사망한 유대인들 대부분이 독일에 살고 있었다?

유대인들에 대한 체계적이고 계획적인 대학살은 1941년에 시작되었는데, 탄압과 테러는 그 이전부터 있어왔다. 때문에 독일

내 유대인 중 30~56만 명은 일찌감치 해외로 피신했다. 물론 당시 해외로 망명한 유대인들 대부분은 부유층이었다. 가난한 이들은 여행 경비를 감당할 수 없었을뿐더러, 망명 대상국으로부터 입국 허가를 받아내지도 못했다. 참고로 나치는 1939년에 유대인들의 출국을 법으로 금지했고, 나치 점령지에 거주하던 유대인들의 도주로도 차단시켰다. 한편, 강제 수용소에서 사망한 유대인들은 600만 명가량으로 추정되는데, 그중 300만 명은 폴란드 출신이고, 나머지 300만 중에서도 200만 명 이상이 러시아 출신이었다고 한다.

 강제 수용소를 가장 먼저 설치한 나라는 영국이다?

포로를 강제 수용소에 수감하는 관습이 어느 나라에서 시작되었는지는 불분명하다. 확실한 것은 나치가 처음 시작하지 않았다는 점이다. 보어 전쟁(1899~1902) 때 영국이 처음 시작한 것도 분명 아니었다. 1838년에 이미 미국이 인디언들을 강제 수용소에 수감했다는 기록이 남아 있기 때문이다. 쿠바 독립 전쟁(1868~1898)이나 독일-헤레로족Herero 전쟁(1904~1907) 중에도 강제 수용소가 활용되었다고 한다. 물론 그중 어떤 수용소도 나치의 강제 수용소만큼 잔인하지는 않았다.

나치가 덴마크를 점령했던 시절, 덴마크의 국왕 크리스티안 10세Christian X(1870~1947)는 시위 차원에서 '다윗의 별' 모양 배지를 단 제복을 입고 말에 올라타 코펜하겐 시내를 일주했다고 한다. 혹은 덴마크 내 유대인들에게 다윗의 별 배지를 착용하게 한다면 자신도 가슴에 다윗의 별을 달겠다며 나치를 협박했다는 이야기도 있다. 하지만 둘 중 어느 것도 사실이 아니다. 나치는 덴마크의 유대인들에게 유대교 표식인 다윗의 별을 착용하라는 명령을 내린 적이 없고, 덴마크 정부는 자국 내 유대인들을 보호하기 위한 조치를 전혀 취하지 않았다. 1943년, 유대인 강제 추방 명령이 떨어졌을 때 덴마크의 유대인들에게 도움을 준 것은 오히려 독일의 외교관 게오르크 페르디난트 폰 두크비츠Georg Ferdinand von Duckwitz(1904~1973)였다. 당시 두크비츠의 귀띔을 받은 유대인들과 덴마크인들은 그 어느 때보다 민첩하게 행동했다. 덴마크계 유대인 7500명 중 약 7000명이 하룻밤 사이에 스웨덴으로 피신한 것이다.

블리츠크리크와 군대

체코슬로바키아 서부의 수데텐란트^{Sudetenland}에 많은 독일인들이 거주했던 것은 사실이지만, 그 땅이 독일 영토였던 적은 단 한 번도 없다. 보헤미아 숲, 에르츠 산맥^{Erzgebirge}, 리젠 산맥 ^{Riesengebirge} 일대에 모여 살던 독일인들은 대개 중세 초기에 보헤미아 국왕의 명령에 따라 이주한 이들이었고, 보헤미아 왕국은 비록 신성 로마 제국 황제의 지배를 받기는 했지만 독일의 통치를 받은 적이 단 한 번도 없는 자주독립국이었다.

❋ 슐레지엔은 중세 이후 계속 독일 땅이었다?

중세 시절, 슐레지엔^{Schlesien}의 통치자들은 대개 폴란드 왕가 출신이었다. 하지만 언어나 문화적으로는 폴란드보다 독일을 더 따르고 싶어 했다. 1355년, 슐레지엔의 카시미르 대왕^{Kasimir der Große}(1330 ~1370)이 카를 4세^{Karl Ⅳ}(1316~1378)에게 통치권을 넘겨준 것도 그 때문이다. 하지만 당시 카를 4세는 독일 국왕이 아니라 보헤미아의 국왕 자격으로 통치권을 넘겨받은 것이었다. 이후에도 슐레지엔은 1740년 프리드리히 대제^{Friedrich der Große}(1712~1786)에 의해 정복당하기까지 계속 보헤미아의 영토였다.

❋ '블리츠크리크'는 히틀러의 탁월한 전술이었다?

1939년 미국의 《타임^{Time}》지는 '전격전^{電撃戰}'을 뜻하는 독일어, 즉 '블리츠크리크^{Blitzkrieg}'라는 말로 히틀러의 폴란드 침공 과정을 묘사했다. 실제로 독일은 폴란드와 프랑스를 그야말로 순식간에 점령했다. 이후 히틀러는 눈 깜짝할 사이에 전쟁을 승리로 이끄는 자기만의 비법이 있다며 허풍을 떨었다. 하지만 블리츠크리크는 사실 히틀러의 의도적 전술은 아니었다. 들리는 소문에 따르면 프랑스를 점령한 뒤 히틀러 스스로도 자신이 이룩한 성과에 놀라움을 금치 못했다고 한다.

군인들은 비인도적 범죄를 거의 저지르지 않았다?

제2차 대전에 참전한 독일 병사들은 동유럽 민족은 모두 다 열등하다는 식의 세뇌를 받았다. 그런 상황에서 독일군 최고 사령관 빌헬름 카이텔Wilhelm Keitel(1882~1946)은 1941년 9월, 게릴라가 독일군 한 명을 죽일 때마다 그 보복으로 50~100명의 민간인을 살해하라는 명령을 내렸다. 이후 '피의 복수'는 수차례에 걸쳐 되풀이되었다. 뿐만 아니라 군대가 비밀경찰이나 국가안보부와 협력해서 학살을 저지르기도 했다. 러시아 출신의 전쟁 포로 300만 명을 살해했고, 점령지를 약탈하기도 했으며, 점령지 주민들에게 가는 식량 보급로도 차단했고, 레닌그라드에서는 100만 명에 가까운 민간인들을 학살했다.

학살 명령에 불복하는 군인은 사형을 당했다?

학살 명령에 불복했다는 이유로 군인이 사형을 당하거나 강제 수용소에 수감되었다는 기록은 어디에서도 찾아볼 수 없다. 단, 죽여 버리겠다는 협박이나 그와 비슷한 종류의 압력은 있었던 것으로 추정된다. 참고로 간부들은 말단 병사들에게 학살을 강요하는 대신 중간 계급 군인들을 '살인 병기'로 활용했다고 한다.

군부만이 수탈 행위를 저질렀다?

제2차 세계대전 중 독일군은 유럽 내 점령지를 체계적으로 수탈했다. 물론 모든 물자를 공짜로 약탈한 것은 아니다. 돈을 내고 산 물건들도 적지 않다. 그러나 이미 화폐 가치가 떨어질 대로 떨어져 있던 터라 사치품조차 헐값에 구입할 수 있었다. 이에 따라 프랑스 전선에 주둔해 있던 군인들은 대량의 버터와 육류, 향수, 보석 등을 자신들의 고향으로 부쳤고, 기타 지역의 상황도 그와 비슷했다. 하지만 가장 큰 이익을 본 것은 뭐니 뭐니 해도 독일 정부였다. 독일 정부는 점령당한 국가들에 매월 거액을 바칠 것을 요구했고, 학살당한 유대인들의 재산을 속옷부터 장난감까지 남김없이 몰수했으며, 강제 노동자들에게는 숙박료까지 징수했다.

강제 노동자들에게는 임금이 아예 지급되지 않았다?

기업은 동구권 출신의 강제 노동자들에게도 임금을 지불했다. 하지만 그 돈은 대부분 독일 정부의 주머니로 다시 흘러들어갔다. 어떤 식으로든 명목을 만들어 징수한 것이었다. 강제 노동자들의 임금을 독일 정부가 잘 '관리'해주겠다는 식으로 광고하는 신탁 상품도 등장했다. 그러거나 말거나 기업은 개의치 않았다. 동유럽 출신 노동자들의 임금이 독일 노동자들의 임금보다 훨씬 더 낮았기 때문에 기업으로서는 손해 볼 이유가 전혀 없었던 것이다.

공습과 마셜 플랜

 아우구스트 그라프 폰 갈렌 주교 덕분에 나치의 안락사 정책이 근절되었다?

1941년 8월 초, 뮌스터의 주교 클레멘스 아우구스트 그라프 폰 갈렌^{Clemens August Graf von Galen}(1878~1946)이 나치의 안락사 정책을 성토하는 설교를 세 차례나 한 이후 국민들 사이에서 불안감과 분노가 퍼져나가기 시작했다. 결국 히틀러는 8월 28일에 안락사 프로그램을 중단할 것을 명령했고, 담당 관청들도 모두 해체했다. 하지만 이후에도 외딴 시골에서는 안락사가 계속 자행되었다. 공습 때문에 대피해야 할 때면 약물이나 주사로 혹은 굶겨서 정신 질환자나 노인, 부상병 등을 죽인 것이다. 곳곳에서 자행된 이러한 안락사 관행 때문에 무려 5만 명이 목숨을 잃었고,

1939~1941년 사이에 진행된 계획적 안락사로 인한 희생자는 심지어 7만 명에 달한다.

 독일 공군의 전투력은 막강했다?

폭격기는 나치 독일의 공군 총수였던 헤르만 괴링^{Hermann} Göring(1893~1946)이 가장 좋아하던 '장난감'이었다. 그런데 그 장난감에는 결정적인 단점이 있었다. 영국을 공습하기에는 사정거리가 너무 짧다는 것이었다. 그뿐 아니라 당시 독일 공군의 방어력도 그리 뛰어나지 못했다. 덕분에 연합군은 1944년부터 아무런 제약 없이 독일 각 도시들을 초토화시킬 수 있었다.

 독일도 제2차 대전 기간 동안 원자 폭탄 개발에 성공했다?

미국은 독일의 군사력이 연합군보다 더 강해질 것을 두려워했고, 그래서 생각해낸 것이 원자 폭탄이었다. 1938년, 독일의 과학자 오토 한^{Otto Hahn}(1879~1968)도 핵분열을 발견했지만, 그것만으론 미국에 대적할 수 없었다. 그러기에는 독일 측의 원자 폭탄 연구가 너무 더디게 진행되었다. 이에 독일은 1942년부터는 핵폭탄보다 신형 재래식 무기 개발에 더 집중했다. 오늘날 역사학자들은 독일이 제2차 대전 기간 동안에는 자금 부족 때문에라도 핵폭탄을 개발하지 못했을 것이라 평가하고 있다. 당시 미국은 핵폭탄 개발에만 20억을 투자했고, 관련 업무에 종사한 연인원도 30만 명에 달했다.

미국은 독일을 농경 국가로 전환시키려는 계획을 세웠다?

1944년, 미국의 재무 장관 헨리 모겐소Henry Morgenthau , Jr (1891~1967)는 독일을 두 개로 분할한 뒤 대규모 산업 시설을 해체하고 그 자리에 농업 위주의 경제 구조를 구축하자는 제안을 내놓았다. 하지만 '모겐소 계획Morgenthau Plan'은 공식적인 계획이 아니라 모겐소 개인의 생각일 뿐이었고, 미국에서도 한 달가량 논의되다가 흐지부지되었다.

1948년, 독일인들의 주머니에는 단돈 40마르크밖에 없었다?

1948년 6월 20일, 독일인들은 옛 화폐인 라이히스마르크Reichsmark를 새 화폐인 도이체마르크Deutsche Mark로 교환하기 위해 은행으로 몰려들었다. 1인당 최대 교환 가능 액수는 40마르크였다. 옛 화폐 60마르크를 내면 40마르크를 돌려준 것이었다. 그러니 그 시점까지는 모든 독일인의 주머니에 단돈 40마르크밖에 없었다는 말이 진실이다. 하지만 이후 8월, 은행은 다시 종전의 화폐 30마르크를 가져오면 새 화폐 20마르크를 내주었다. 참고로 예금도 소멸되지 않았다. 대신 예금의 경우, 환산 비율이 구화폐 100마르크당 6.50마르크로, 옛 통화의 가치를 매우 낮게 평가했다. 부채는 100:10의 비율로 환산했다. 부동산과 금, 보석, 골동품 등은 원래 가치를 그대로 인정했고, 근로자들의 월급도 1:1로 환산했다. 그 결과, 몇몇 부자들의 주머니에는 금세 많은 돈이 쌓였다.

동 · 서독 간의 국경은 종전 후 곧바로 결정되었다?

동 · 서독 간의 국경은 1951년에야 확정되었다. 이후 10년 동안 베를린은 동독과 서독을 연결하는 창구 역할을 수행했다. 그러나 1961년 8월 13일, 베를린 장벽이 설치되기 시작하면서 통로로서의 기능을 상실하고 말았다. 참고로 베를린 장벽에는 지뢰, 철조망, 자동 소총 장치 등 각종 탈출 방지용 무기가 장착되었는데, 그 이전까지 약 270만 명의 동독인들이 서독으로 이주했다고 한다.

조지 마셜^{George Marshall}(1880~1959)은 전쟁으로 황폐화된 유럽 대륙을 재건하고자 했다. 본디 마셜은 구소련과 동구권도 원조 대상에 포함시키려 했지만, 해당 국가들은 마셜 플랜^{Marshall Plan}에 참여할 경우 서구 자본주의에 속박될 수 있다고 생각하여 미국의 제안을 거절했다. 결과적으로 마셜 플랜 덕분에 총 15개 국가가 지원을 받았고, 그중 독일은 전체 원조금의 10퍼센트에 해당하는 15억 달러를 지원받았다. 가장 많은 자금이 흘러들어간 곳은 영국과 프랑스였다. 한편, 독일은 1948년 마셜 플랜을 실행에 옮기기 위해 화폐 개혁 조치를 단행했는데, 그 덕분에 '라인 강의 기적'이라고 불리는 눈부신 성장과 번영을 이뤄낼 수 있었다.

10월혁명과 6월 봉기

🧑 '볼셰비키'는 러시아어로 '공산주의자'를 뜻한다?

볼셰비키는 러시아어로 다수파를 뜻한다. 1903년, 러시아 사회민주노동당의 제2차 당원 총회에서 탄생한 개념으로, 당시 사회민주노동당의 수많은 당원들이 레닌이 이끄는 공산당으로 이적했다. 그 반대쪽에는 소수파를 뜻하는 멘셰비키가 대치하고 있었다. 그러던 중 1912년, 볼셰비키는 멘셰비키를 당에서 제명했고, 뒤이어 1917년 10월에는 혁명을 일으켰다. 2월혁명으로 차르 체제가 붕괴된 이후 멘셰비키가 과도 정부를 이끌고 있었는데, 10월혁명으로 볼셰비키가 정권을 장악한 것이었다. 이후 볼셰비키라는 표현이 러시아의 공산당원을 지칭하는 말로 널리 활용되었지만, 1952년에는 해당 표현이 모욕적이라는 이유 때문에 공식적으로 사용이 금지되었다.

10월혁명은 10월에 시작되었다?

그레고리안력Gregorian calendar, 즉 요즘 우리가 흔히 사용하는 서구식 달력에 따르면 10월혁명은 정확히 1917년 11월 7일에 시작되었다. 하지만 그 당시 러시아에서는 아직도 율리우스력Julian calendar을 사용하고 있었고, 율리우스력에 따르면 10월혁명의 발발일이 10월 25일이다. 그로부터 반년 뒤인 1918년 2월, 혁명에 성공한 지배자들은 유럽 내에서 널리 활용되던 그레고리안력을 러시아에도 도입했지만, 그렇다고 자신들의 혁명을 '11월혁명'으로 고쳐 부르지는 않았다.

레닌은 잔인한 폭군은 아니었다?

레닌Lenin의 본명은 블라디미르 일리치 울리야노프Vladimir Il'h Ul'yanov(1870~1924)이다. 레닌은 차르 폐위 이후 들어선 과도 정부를 전복시키기 위해 10월혁명을 감행했고, 이후 러시아는 5년에 가까운 기간 동안 끔찍한 내전을 치르며 수많은 희생자를 낳았다. 당시 볼셰비키들은 구체제하의 엘리트나 멘셰비키뿐 아니라 우크라이나의 민간인들까지 잔인하게 숙청했다. 또 농민들을 전쟁에 강제로 동원하는 바람에 수많은 이들이 기근으로 목숨을 잃어야 했다. 대량 학살을 위한 강제 수용소도 두 군데나 설치했다. 한편, 레닌은 1891년에 기근으로 고통받던 심비르스크 Simbirsk 주민들에게 인도주의적 지원은 절대 하지 않겠다고 선언했다. 배가 고플수록 혁명의 필요성을 더욱더 뼈저리게 느낄 수 있다는 이유에서였다.

'스탈린'과 '트로츠키'는 모두 본명이다?

둘 다 가명이다. 러시아어로 '스탈린'은 '철의 남자'를 뜻하고 '트로츠키'는 '저항'을 의미한다. 1917년 혁명이 일어나기까지 볼셰비키주의자들은 숨어서 정치 활동을 해야 했는데, 그 때문에 가명이나 필명을 사용한 이들이 많았다. 그중 대부분은 스탈린이나 트로츠키처럼 의미가 분명한 단어들을 골랐는데, 아직까지 무슨 뜻인지 밝혀지지 않은 이름들도 있다. 대표적인 예가 바로 '레닌'이다. 학자들은 레닌이 시베리아에서 유배 생활을 했던 경험 때문에 레나 Lena 강에서 착안하여 해당 가명을 선택한 것으로 추측하고 있다.

'붉은광장'은 공산주의자들이 붙인 지명이다?

붉은광장은 러시아어로 '크라스니 프라스펙트Краснаяплощадь'라고 부른다. 그런데 '크라스니'는 '붉다'가 아니라 '아름답다'라는 뜻이다. 즉 러시아 사람들은 모스크바 중심부에 있는 그 광장을 붉은광장이 아니라 아름다운 광장으로 인식하는 것이다. 하지만 붉은색이 본디 공산주의를 상징하고 수많은 이들이 그 광장에서 피를 흘렸다는 점을 감안하면 붉은광장이라는 이름이 그곳에 더 잘 어울린다고도 할 수 있다.

 ## 1953년 6월 17일은 사실 독일 통일과 무관한 날이다?

1990년에 독일이 재통일되기 전까지 서독에서는 6월 17일이 '독일 통일의 날'이었다. 사실 1953년 6월 17일은 동독 노동자들이 대규모 파업을 일으킨 날로, 그 때문에 6월 17일이 통일과는 무관하다고 생각하는 이들이 많지만, 사실은 그렇지 않다. 당시 파업으로 인해 동독 노동자들은 얻은 것보다 잃은 게 더 많았다. 정부가 작업량은 늘리고 임금은 줄여버린 것이다. 그러자 노동자들의 시위가 동독 전역으로 확대되었는데, 소련군 탱크만 없었다면 동독 정부는 그 당시에 이미 와해되었을지도 모른다. 그런 이유 때문에 서독에서는 6월 17일의 파업이나 시위가 통일로 이어질 수 있었던 개연성이 충분하다고 여겨, 1953년 7월 1일에

6월 17일을 통일절로 지정했다.

동구권은 모두 공산주의 국가였다?

엄밀히 따지면 동구권 국가들은 스스로를 공산주의가 아니라 사회주의 국가로 간주했다. 참고로 카를 마르크스^{Karl Marx}(1818~1883)는 사회주의 체제에서는 계급 간 대립이 아직 완전히 해소되지 않았기 때문에 프롤레타리아 독재가 필요하고, 이후 공산주의로 전환된 후에는 계급 간 투쟁이 완전히 종결된 상태이기 때문에 프롤레타리아 독재가 더 이상 필요하지 않다고 주장했다.

독일과 재통일

 독일에서 정치적 지위가 가장 높은 사람은 총리이다?

권력으로만 따지자면 연방 총리^{Bundeskanzler}가 가장 높은 정치
가인 것이 확실하다. 하지만 국가의 수장, 다시 말해 서열이 가장
높은 사람은 총리가 아니라 연방 대통령^{Bundespräsident}이다. 심지
어 국회의장도 지위상으로는 연방 총리보다 더 높다. 즉 연방 총
리는 대통령과 국회의장 다음으로 지위가 높은 것이다.

 민주주의 국가의 주권은 오로지 국민에게만 있다?

영국에서는 주권이 의회에 있다. 하지만 독일을 비롯한 대부분
의 국가에서는 주권이 오로지 국민들에게만 있는 것으로 간주되

고 있는데, 이는 자신들의 의견을 대표할 국회 의원을 선출할 권한이 국민에게 있기 때문이다. 하지만 독일에서는 그렇게 한 번 총선을 치르고 나면 다음 총선 때까지는 모든 권한을 국회 의원들에게 위임한 것이나 다름없다. 전국 차원에서 국민 투표를 실시할 가능성은 거의 없고, 대부분의 사안이 국회 의원들에 의해 결정되기 때문이다. 그런 의미에서 독일은 철저한 간접 민주주의를 따른다고 할 수 있다. 그런가 하면 중대한 사안이 있을 때마다 국민 투표를 실시하는 등 직접 민주제적 요소를 적극 활용하고 있는 나라들도 적지 않다고 한다.

 ## 서베를린은 서독의 영토였다?

1971년에 구소련, 미국, 영국, 프랑스 등 독일에 주둔하던 4개국은 베를린 분할을 결정했다. 그런데 당시 결의문에는 서베를린이 서독의 영토가 아니고 이에 따라 서독이 통치할 수 없다는 조항도 포함되었다. 이후 동독은 서베를린을 일종의 자치구로 간주했지만, 서독은 서베를린의 행정상 지위에 대해 확실한 입장을 표명하지 않았다. 참고로 그 당시 서독 의회는 서베를린과 관련된 사안을 결의할 수 없었고, 서베를린에서 어떤 사업을 추진하고자 할 때에는 베를린 자체 의회의 결의를 반드시 통과해야 했다.

'오시'와 '베시'는 재통일 이후 등장한 표현이다?

서베를린 사람들은 독일이 재통일되기 한참 전부터 '오시 Ossi'(동쪽 사람)와 '베시Wessi'(서쪽 사람)라는 표현을 사용해왔다. 단, 오시는 그다지 자주 입에 올리지 않은 반면, 베시는 활용 빈도가 꽤 높았다. 서독에서 온 여행객들을 비하하는 의미에서 베시로 부른 것이었다. 서베를린 주민들 중에서도 자신의 고향이 동독이 아니라 서독임을 강조하는 이들이 있었는데, 그런 이들도 베시로 불렸다. 한편, 통일 전 서베를린은 동독 영토 안에 마치 외딴섬처럼 자리 잡고 있었는데, 그 때문에 동독 국경 수비대의 철저한 검문검색에 시달릴 때가 많았다. 그럴 때마다 서베를린 주민들은 자신이 베시임을 큰 소리로 외쳤다고 한다.

 ## 독일 정부의 소재지는 베를린이다?

통일 이후 독일의 수도가 본Bonn에서 베를린으로 바뀌기는 했지만, 지금도 정부의 공식 소재지는 두 도시 모두이다. 연방 국방부, 식품·농업·소비자보호부, 경제협력부, 보건부, 교육부 등 몇몇 정부 기관이 본에 소재하고 있기 때문이다.

동독 지역은 1945년 이후부터 서독 지역에 비해 뒤쳐지기 시작했다?

동·서독 간의 격차는 독일 역사 전체를 통틀어 늘 존재해왔다. 신성 로마 제국 시절에도 라인 강 서편, 그러니까 지금의 프랑스 땅이 라인 강 동편에 비해 경제적으로나 문화 면으로나 더 발달되어 있었고, 중세 전체를 통틀어서도 복지 수준이나 인구 밀도가 서에서 동으로 갈수록 낮아졌다. 근세에 접어들면서 엘베 강 동쪽에 대규모 농장을 소유한 부농들이 등장했고, 그 덕분에 동부의 평균 소득도 높아졌다곤 하지만, 당시 서민들은 경제적으로나 문화적으로나 오히려 예전보다 더 궁핍한 삶을 살아야 했다고 전해진다.

유럽과 세계

🌀 유럽연합의 수도는 브뤼셀이다?

유럽연합^{EU}은 공식적 수도가 없다. 유럽연합의 행정부와 입법부 그리고 사법부는 세 개의 도시에 분산되어 있다. 브뤼셀은 유럽연합이사회^{EU Council}와 유럽연합 집행위원회^{EU Commission}가 회의를 개최하는 곳이고, 유럽의회 소재지는 프랑스의 스트라스부르^{Strasbourg}이다. 단, 의회 산하의 각종 위원회들은 브뤼셀에서 모임을 갖는다. 그런가 하면 유럽사법재판소^{European Court of Justice}의 소재지는 룩셈부르크이다.

🌐 유럽연합의 공식 언어는 프랑스어이다?

유럽연합의 공식 언어는 21개(그리스어, 네덜란드어, 덴마크어, 독일어, 라트비아어, 리투아니아어, 몰타어, 스웨덴어, 스페인어, 슬로바키아어, 슬로베니아어, 아일랜드어, 에스토니아어, 영어, 이탈리아어, 체코어, 포르투갈어, 폴란드어, 프랑스어, 핀란드어, 헝가리어)[11] 이다. 하지만 실제 실무에서는 프랑스어와 영어 그리고 독일어가 주로 사용되고 있다.

🌐 유럽연합의 영토 중 유럽 이외의 지역에 위치한 땅은 없다?

터키가 유럽연합에 가입한다면 유럽 이외의 땅이 당연히 유럽연합 영토에 포함되겠지만, 아직은 실현되지 않은 일이므로 그 부분은 제외했다. 하지만 터키를 빼더라도 유럽연합 영토에 유럽 이외의 지역이 이미 속해 있다. 프랑스령인 마르티니크^{Martinique}와 과들루프^{Guadalupe}, 레위니옹^{Réunion}, 기아나^{Guiana} 등이 유로화 지폐 도안에 사용된 것도 그 때문이다. 그뿐 아니라 키프로스^{Kypros}를 비롯해 몇몇 그리스령 섬들은 아시아에 속해 있고, 스페인령 카나리아 제도^{Canaria Islands}는 아프리카에 위치해 있다.

🌐 유럽의회 의원들은 꼭두각시에 불과하다?

꼭두각시에 불과할 정도로 힘이 없는 것은 아니다. 하지만 각

---

11) 2007년 불가리아와 루마니아가 가입한 이후 공식 언어가 23개로 늘어남.

회원국에서 직선제로 선출된 의원들임에도 각국 국회 의원들보다 힘이 약한 것은 사실이다. 스스로 어떤 안건을 결의하지 못하고 특정 안건에 대한 거부권만 지니기 때문이다. 예컨대 각 회원국이 지명한 유럽연합 집행위원회 위원에 대한 동의안을 통과시키거나 거부할 수 있고, 유럽연합 차원의 예산이나 입법과 관련해서도 심사권을 지닌다. 하지만 법안을 제기할 수 있는 권한은 유럽연합 집행위원회에 있고, 유럽연합 집행위원회가 제안한 법안에 대한 1차 심사권은 각국 장관들로 구성된 유럽연합 이사회가 갖는다. 한편, 유럽의회의 권한 강화를 통해 유럽 내 민주주의를 발전시키려는 노력은 지금까지 모두 실패로 돌아가고 말았다. 모두들 자국 정부의 권한이 축소될 것을 우려했기 때문이다.

EC가 바뀌어 EU가 되었다?

1967년, 유럽석탄철강공동체^{ECSC}와 유럽원자력공동체^{EURATOM}, 그리고 유럽경제공동체^{EEC}가 한데 모여 유럽공동체^{EC}를 결성했다. 이후 1992년, 마스트리흐트 조약$^{Maastricht\ Treaty}$에 따라 유럽연합^{EU}이 새롭게 창설되었는데, 유럽연합은 세 개의 기둥으로 구성되어 있었다. 유럽공동체^{EC}는 그중 첫 번째 기둥이고, 두 번째 기둥은 공동외교안보정책^{CFSP}, 세 번째 기둥은 범죄문제사법협력체^{PJCCM}이다. 지금도 각종 법규들은 유럽공동체에서 제정하고 있다. 때문에 유럽연합법이 아니라 유럽공동체법이라 부르는 것이 사실 더 정확하다고 할 수 있다.

💬 '세계 인권 선언'에 근거한 국제 인권 규약은 한 가지뿐이다?

세계 인권 선언Universal Declaration of Human Rights에서 비롯된 국제 인권 규약은 두 가지이다. 하나는 '시민적 · 정치적 권리에 관한 국제 규약ICCPR, International Covenant on Civil and Political Rights'이고 다른 하나는 '경제적 · 사회적 · 문화적 권리에 관한 국제 규약ICESCR, International Covenant on Economic, Social and Cultural Rights'이다. 후자에는 최저 임금이나 건강한 일자리를 요구할 권리, 노조 결성에 관한 권리, 의료 서비스를 받을 권리 등이 포함된다.

💬 국제 인권 규약에서는 사형을 금하고 있다?

국제 인권 규약에 사형 금지 조항이 명시되어 있는 것은 아니다. 다만 '시민적 · 정치적 권리에 관한 국제 규약 ICCPR' 제6조는 사형 제도가 존재하는 국가들에 대해 공정한 재판을 거행할 것과 중범죄에 대해서만 사형을 선고할 것, 나아가 성인에 대해서만 사형 선고를 내릴 것을 규정하고 있다. 참고로 국제연합인권위원회UNCHR도 사형 제도의 폐지를 주창하고 있다.